Start-up Pacemakers 1
From Founding to Funding

스타트업 페이스메이커스1
창업부터 투자 유치까지

김경락(Allen L. KIM) 지음

프롤로그

우선 정석을 배워라! 그리고 배우고 나면 잊어라!

강의를 하거나 멘토링을 진행하면서, 학생, 창업가, 일반인을 막론하고 필자가 가장 많이 받는 질문이 있다. "어떻게 하면 창의적인 아이템을 기획하고 실행해서, 성장하는 회사를 만들고 투자를 받을 수 있나요?" 참으로 어려운 질문이다. 그러기 위해서 창업가는 우선 정석을 알아야 한다고 말해주고 싶다. 골프를 치든지, 바둑을 두든지 또는 마케팅을 하든지 정석부터 배워야 한다. 오늘날처럼 자본이 넘치는 시대에도 창업 시장의 빈익빈 부익부 현상이 심화되는 이유는 정석이 없어서가 아니라, 정석을 배우기도 전에 게임부터 시작하려 하기 때문이다.

창업 아이템은 일단 세상에 나오고 시장이 형성되면, 누구나 쉽게 떠올릴 수 있었던 것처럼 보인다. "아, 나도 저거 생각했었는데…" 하는 생각, 아마 한 번쯤 해봤을 것이다. 그러나 그 형성 과정까지도 단순하게 여겨서는 안 된다. 이는 단순한 결과보다, 본질을 만들어내기 위해 더 많은 전문 지식과 경험이 필요하다는 뜻이다.

영화 「관상」에서 가장 유명한 대사로는 "내가 왕이 될 상인가?"를 떠올리는 사람이 많다. 하지만 이 영화의 진짜 명대사는 따로 있다. 바로 송강호가 연기한 주인공 김내경이, 마지막에 한명회에게 던지는 다음 대사다.

난 사람의 얼굴을 봤을 뿐, 시대의 모습을 보지 못했소.
시시각각 변하는 파도만 본 격이지.
바람을 보아야 하는데.
파도를 만드는 것 바람인데 말이오….(이하 생략)

웹 비즈니스도 마찬가지다. 많은 스타트업이 미국의 구글(Google)이나 페이스북(Facebook)처럼 성공한 사이트를 너도나도 벤치마킹하여 웹 서비스를 내놓지만, 대부분 오래 가지 못하고 실패한다. 그 이유는 다른 것이 아니라 현재의 모습만 베꼈을 뿐 그 안에 담긴 철학과 수많은 시행착오를 겪으면서 여기까지 올라온 과정을 보지 않았기 때문이다. 정석을 학습하기 전에 멋부터 부린 결과인 것이다.

그런데 역설적이지만 정석은 배우고 나면 곧 잊어버려야 한다. 다시 말해, 정석에 대해 생각하지 않으면서 게임을 할 수 있어야 한다. 초보자가 골프를 할 때는 머릿속으로 자기 자신에게 온갖 주의를 다 준다. 백

스윙으로 가는 동안 공에서 눈을 떼지 말고, 왼팔을 곧게 펴며 어깨 턴을 하고, 골프채가 뒤로 젖혀지지 않도록 한 상태에서 정점에 갔다가 왼발의 반동을 이용하여 채를 4시 방향으로 부드럽게 내리되, 몸의 무게 중심을 뒷발에서 앞발로 옮기면서 1시 방향으로 뿌려준다고 일일이 생각하며 힘껏 친다. 그러나 복잡한 생각 끝에 친 공은 뜻하지 않은 곳으로 날아가곤 한다. 행동에 옮기는 순간까지 복잡한 생각을 끌고 가서는 안 된다는 것이다. 즉, 정석을 배운 후 잊어버리라는 말은 배운 것이 필요 없다는 뜻이 아니다. 오히려 잘 배우고 충분히 연습하여, 무의식 중에도 정석대로 할 만큼 숙달되어야 한다. 창의적인 전략은 정석이 몸에 익은 후에야 비로소 자연스럽게 떠오를 수 있다.

지식과 경험과 창의성을 고루 갖춘 창업가가 신중하게 기획하고 과감하게 전략을 수행한다면 운은 따라오기 마련이리라. 그러나 그것 또한 사람의 일이므로 만약 운이 따라 주지 않는다면 손해를 줄일 수 있도록 신속하게 행동에 나서야 한다. 패배를 인정하고 다른 전쟁에 뛰어드는 것과 같다. 우리에겐 아직도 싸워야 할 전쟁도, 승리의 기회도 많이 있다. 실패를 두려워하지 마라. 용기란 실패를 두려워하지 않는다는 말과 상통한다. 더불어 진정한 용기는 철저한 준비에서 비롯된다는 것을 명심해야 한다.

이 책, 『스타트업 페이스메이커스 1』는 스타트업의 창업과 성장 과정에서 필수적으로 갖추어야 할 이론과 전략을 실제 경험담을 토대로 상세히 다뤘다. 창업자가 시장의 현실을 명확히 이해하고, 창업 아이템을 선정하고, 사업 계획을 수립하며, 투자자 관점에서 사업을 이해하고, 투자 유치 전략을 세우는 등 사업의 본질을 체계적으로 습득하여 창업 성공률을 높이는 것을 목표로 한다. 책 제목의 '페이스메이커'라는 말 그대로, 이 책은 선수인 스타트업이 단순한 창업을 넘어 좋은 성과를 낼 수 있도록 자금, 공간, 기술, 네트워크를 지원하여 성장과 교류를 촉진하기 위한 플랫폼을 만드는 데 일조할 것이다.

항상 글을 쓰고 나면 아쉬움이 남는다. 내용을 더 추가해야 할까? 핵심을 더 강조할 걸 그랬나? 내용이 너무 과하거나 앞서 나가는 것은 아닐까? 마감 직전에도 수정해야 할 사항이 보이니 난감할 따름이다. 밤에 쓴 편지는 아침에 다시 읽지 말고 보내라는 말이 있지만, 집필이란 단 한 사람에게 보내는 편지가 아니기에, 오히려 더 완벽을 기하고 싶은 욕심이 생긴다.

이 책이 나오기까지 항상 나를 열정으로 달아오르게 하는 사랑스러운 이사벨님과 제니퍼, 브라이언에게 감사하다는 말을 전하고 싶다. 그리고, 난국의 시대에 스타트업 신의 발전을 위해 하얗게 불태우고 있는 초기투자액셀러레이터협회(KAIA) 전화성 회장님께 감사드린다. 또한 보이지 않는 스타트업의 미래를 좇아 어려운 액셀러레이터의 길을 함께

하고 있는 나의 소울메이트 조기환 부대표 그리고 항상 뒤에서 도와주는 든든한 후원자이자 파트너인 전혜진 대표님께 감사의 말씀을 전한다.

2025년 4월 22일

In Yangtze, Shanghai

김경락

차례

프롤로그 ··· 2

차례 ·· 8

PART 1
이 책의 사용설명서 ································ 15

PART 2
Startup Investment Strategy 5단계 ········· 33

  1. Investment Potential ························· 33
    스타트업 투자 유치의 현실과 성공을 위한 전략
    스타트업이 실패하는 이유
    당신이 창업해서 투자 받을 가능성은?

  2. Start with Why ······························· 64
    스타트업 투자 유치 전략의 핵심

3. Successful Startup ··· 74
   스타트업이 왜 투자를 받아야 하는가?
   스타트업의 성공적인 투자 유치 전략

4. Investor's Point of View ······································ 91
   투자 유치의 어려움과 투자자 관점에서의 도전 요소
   성공적인 투자 유치를 위한 투자자 관점의 준비
   '양파 껍질 이론'을 통한 단계적 리스크 제거
   투자 유치 시 피해야 할 실수들
   투자자가 생각하는 스타트업의 적신호

5. Investment Process ··· 106
   적절한 투자 금액과 지분 설정
   스타트업이 피해야 할 투자자
   유망 투자자의 특징과 선별 방법
   투자자와의 신뢰 구축을 위한 질문

PART 3
How to Talk to Investors_투자자와 대화하는 법 ·············· 139

1. 투자자 이해하기 ·· 144
2. 오만과 편견 ··· 158
3. 기업 가치 100억 ·· 166
4. 업의 본질 ·· 176
5. 투자자를 만난다는 것 ·· 186
6. 선호하는 스타일 ··· 195
7. 애자일과 스크럼 ··· 200
8. 스타트업 생존법 ··· 206

PART 4
스타트업 신의 속설 ··· 217

1. 잘되는 사례만 잘 따라하면 된다? ································· 217
2. 스타트업의 무기는 많으면 많을수록 좋다? ····················· 222
3. 아이템과 기술이 좋으면 무조건 성공한다? ····················· 227
4. 대한민국은 실패자를 인정하지 않는다? ························· 232
5. 시제품의 완성도와 매출을 증명하고 투자 받아야 한다? ········ 236

PART 5
Deep-Tech(기술창업), 미래를 선점하는 강력한 무기 ·············· 242

PART 6
슈퍼망고 솔루션 ·· 260

PART 7
친절하고 쉬운 스타트업 용어 가이드 ····················· 280

에필로그 ·· 316

추천사 ·· 322

참고 ·· 326

PART 1

이 책의 사용설명서

이 책의 사용설명서

100세 시대, 창업은 선택이 아니라 필수!
이 책을 인생 전략서로 활용하라!

이 책은 누구를 위한 책인가?

"창업은 더 이상 일부만의 선택지가 아니다!"

　이 책은 다양한 사람들을 위한 책이다. 창업을 꿈꾸는 학생부터 언젠가는 자신만의 사업을 하고 싶은 직장인, 그리고 이미 스타트업을 시작한 창업자까지 모두에게 유용하다. 심지어 지원사업을 운영하는 매니저, 투자자나 멘토 분들에게도 좋은 가이드가 될 것이다.

　왜냐고? 100세 시대에는 한 직업으로 평생을 살아가기 어렵다고 이미 통계가 말해주고 있다. 100세 시대에는 누구나 한 번쯤은 창업을 경험할 확률이 90%나 된다고 하니까.

직장인, 학생, 창업가, 투자자 누구나 창업을 공부해야 하는 시대!

창업을 꿈꾸는 학생

- 나는 직장을 가야 할까? 아니면 창업을 해야 할까? 고민하는 학생.
- 창업이 무엇인지, 어떤 준비가 필요한지 알고 싶은 학생.

예비 창업자 & 직장인

- 언젠가는 나만의 사업을 하고 싶은 예비 창업자.
- 사이드 프로젝트, 퇴사 후 창업을 고민하는 직장인.

스타트업 창업자 & 멤버

- 투자를 받고 회사를 성장시키고 싶은 스타트업 창업자.
- 창업뿐만 아니라, 투자 유치 전략까지 배우고 싶은 스타트업 멤버.

투자자 & 멘토

- 좋은 스타트업을 발굴하고 싶은 투자자.
- 초기 스타트업의 성장 가능성을 평가하고, 멘토링을 하고 싶은 멘토.

왜 지금, 창업을 공부해야 할까? (100세 시대와 창업의 필수성)

더 이상 창업은 선택이 아니다. 창업은 필수다!

'평생 직장'이라는 개념이 사라지고 있는 요즘, 창업은 더 이상 선택이 아닌 필수다. 급기야 30~40대에 퇴사하고 새로운 도전을 해야 하는 시대가 왔다는 것이다. 창업을 공부하면 문제 해결 능력도 키울 수 있고, 투자, 협상, 세일즈, 커뮤니케이션 등 인생 전반에 필요한 스킬을 기를 수 있다. 빌 게이츠와 스티브 잡스도 대학생 시절 창업했다는 사실, 알고 있을 것이다. 대기업 취직을 준비하는 사람이라도, 창업에 대한 이해와 경험이 있다면 훨씬 유리한 위치에 설 수 있다.

100세 시대 = 한 번은 창업할 확률 90%
- '평생 직장'이라는 개념이 사라졌다.
- 30~40대에 퇴사한 뒤, 새로운 도전은 선택이 아니라 필수다.
- 연금, 노후 대비가 불확실한 미래, 결국 스스로 생존 전략을 세워야 한다.

창업 = 직장인, 학생에게도 필수 역량
- 창업은 단순히 회사를 차리는 것이 아니라, 문제를 해결하는 능력을 키우는 과정이다.
- 창업을 경험하면, 직장인도 더 좋은 연봉, 더 나은 커리어 기회를 가질 수 있다.
- 창업 마인드는 투자, 협상, 세일즈, 커뮤니케이션, 재무 관리 등 인생 전반에 필요한 스킬을 길러준다.

예시

- 마이크로소프트의 창업자 빌 게이츠와 애플의 창업자 스티브 잡스는 이미 대학생일 때 회사를 세웠다.
- 슬랙(Slack), 에어비앤비(Airbnb), 줌(Zoom) 창업자의 공통점은 바로 직장인 출신이라는 것. 이들 역시 창업을 준비하면서 회사 생활이 더 잘 풀렸다고 입을 모아 말한다.

책을 읽기 전에 알아두면 좋은 것들!

스타트업 투자 유치의 현실

스타트업은 투자 없이 성장할 수 있을까? 가능은 하지만, 빠르고 안정적인 성장을 원한다면 투자금이 반드시 필요하다.

- 투자 유치는 스타트업이 더 크고 빠르게 성장하기 위해서 반드시 필요한 과정이다.
- 하지만 아무에게나 무작정 돈을 받는다고 끝날 일은 아니다. 필요한 자금을 적절한 투자자로부터 확보하는 전략이 중요하다.
- 투자자는 스타트업의 파트너이지만 동시에 수익을 기대하는 이해관계자이기 때문에, 신중하고도 전략적인 유치와 설득이 필요하다.

투자를 받기 전 반드시 준비해야 할 것들

"돈 주세요!"라고 말하기 전에 해야 할 일이 많다. 투자는 스타트업 성장의 필수 요소지만, 전략 없이 무작정 투자받는 것은 위험할 수 있다. 올바른 투자자에게, 적절한 조건으로 투자받는 것이 중요하다. 투자자들은 "이 회사가 성공하면 내 돈이 10배, 100배로 돌아올까?"라고 생각한다는 걸 명심하기 바란다!

필수 체크리스트

Why? 왜 투자받아야 하는가?

투자금이 정확히 어디에 필요한지 명확해야 한다.

- 예시: 개발, 마케팅, 인력 채용 등

What? 무엇을 보여줘야 하는가?

투자자는 시장 규모, 사업성, 팀의 역량, 그리고 기업과 시장의 성장 가능성 등을 종합적으로 고려한다. 즉, 그들에게는 "이 회사가 성공하면 나에게 수십 배의 이익을 안겨줄 수 있을까?"라는 질문이 결정적인 판단 기준이 된다.

How? 어떻게 투자자를 설득할 것인가?

IR 피칭을 통해 투자자에게 확신을 줄 수 있어야 한다.

단순한 데이터 나열로는 부족하다. 도식화, 수치화를 넘어 스토리텔링이 중요하다.

- 우리는 이런 문제를 해결하려고 해요!
- 이 시장은 엄청 커요!
- 우리 팀은 이걸 해낼 수 있는 사람들이에요!
- 지금이 최고의 타이밍이에요!

이 투자가 성공하면 엄청난 수익을 가져다줄 거예요!

투자자가 가장 중요하게 보는 것

투자자들은 시장 규모, 팀의 역량, 비즈니스 모델, 그리고 경쟁력을 중요하게 본다. 마치 드래곤볼의 4성구를 모으는 것처럼, 이 네 가지를 잘 갖추면 투자의 신룡(神龍)을 소환할 수 있을 것이다!

- 시장 규모 (Market Size): 돈을 벌 기회가 많은 시장인가?
- 팀(Team): 이 팀이 이걸 해낼 수 있을까?
- 비즈니스 모델(Business Model): 어떻게 돈을 벌 거지?
- 경쟁력(Competitive Advantage): 경쟁사보다 우리가 더 잘할 수 있을까?

스타트업 투자 전략 5단계

1단계: WHY?

왜 이 사업을 하는가?

- 창업자는 이 사업을 시작한 이유를 투자자에게 설명할 수 있어야 한다.
- 사업을 하는 이유가 없다면 이는 단순히 '돈 벌기 위한 프로젝트'에 불과하다.

2단계: PROBLEM & SOLUTION

어떤 문제가 있으며, 해결책은 무엇인가?

- 먼저 시장에 어떤 문제가 있는지 정확하게 정의해야 한다.
- 창업자는 이 문제를 어떻게 해결할 수 있는지를 명확하게 제시해야 한다.

3단계: MARKET & BUSINESS MODEL

시장 규모는 얼마나 큰가? 수익 모델은 어떻게 이루어지는가?

- 투자자는 시장 크기를 가장 중요하게 본다.
- 시장의 규모가 1조 원 이상일 때, 투자자들이 관심을 가질 가능성이 크다.
- 어떻게 돈을 벌 수 있는지, 비즈니스 모델이 명확해야 한다.

4단계: TEAM

팀은 어떤 역량을 갖추고 있는가?

- '아이디어'보다는 '사람'을 보고 투자한다.
- 창업자와 스타트업의 구성원은, 자신들이 이 사업을 성공으로 이끌 수 있는 사람임을 투자자에게 보여줘야 한다.

5단계: FUNDING & EXIT PLAN

투자와 회수 계획이 명확한가?

- 얼마를 투자받아 어디에 사용할 것인지 구체적으로 드러나야 한다.
- 투자금을 어떻게 회수할 수 있을지, 엑싯(Exit) 전략도 설득력 있게 제시되어야 한다.

투자자를 설득하는 법

투자자는 감이 아니라 논리로 설득할 것

"우리 회사 대박이에요!"
- X 근거 없는 자신감으로는 투자자의 신뢰를 얻기 어렵다.

투자자를 설득하는 3가지 법칙

① 데이터 기반으로 이야기할 것
- X 우리 서비스 너무 좋아요!
- O 지난달 MAU(월간 활성 사용자)가 20% 성장했고, 고객 유지율이 85%입니다.

② 메시지는 짧고 강력할 것
- 투자자는 바쁘다. 1시간 분량의 설명을 준비해도 들을 수 없다.
- 30초 안에 투자자가 관심을 갖도록 만드는 게 핵심이다.

③ 투자자가 원하는 걸 미리 준비할 것
- 시장 크기는?
- 현재 매출은?
- 비즈니스 모델은?
- 경쟁사는 누구야?

- 성장 전략은?
- 투자 회수 전략은?

슈퍼망고 솔루션

2024년에 먼저 일부를 진행했던 "슈퍼망고 솔루션"을 업그레이드하였다. 어떠한 프로그램에도 본 솔루션을 적용할 수 있다.

01) 자가진단 솔루션

스타트업과 주관기관 모두 효용성 높은 리포트를 받아볼 수 있다.

주요 특징

- 120개의 핵심 질문과 이에 대한 대표님의 솔직한 답변을 바탕으로, 스타트업의 현재 역량을 종합적으로 진단한 리포트 제공
- AI 기반 맞춤형 자가진단 리포트 생성(각 문항별 분석(Analysis) 및 개선안(Recommendation) 제시)
- 사업 아이템의 경쟁력, 시장 대응력, 투자 유치 가능성 등 핵심 요소 평가
- 명확한 방향성과 구체적인 개선 방안 제시

기대 효과

초기 스타트업이 자신의 현 위치를 객관적으로 파악하고, 성장을 위한 첫걸음을 내딛을 수 있다.

02) 스타트업 역량 진단 서비스

스타트업이 현재 보유한 역량을 종합적으로 진단하고, 그 결과를 바탕으로 멘토링의 질을 높여 효과를 극대화할 수 있는 체계적인 가이드를 제공한다. 핵심 요소별로 점수를 부여해, 스타트업을 평가하는 자료로도 활용할 수 있다.

주요 특징

- 멘토의 경험과 지식을 표준화한 가이드라인 제공
- 스타트업의 현재 역량을 정확히 진단하고, 실전에서 필요한 현실적인 조언과 인사이트를 제공
- 창업 단계부터 투자 유치까지 다양한 상황에 즉시 활용 가능한 지침
- 멘토의 인사이트를 극대화할 수 있는 체계적인 분석 프레임워크 제공

기대 효과

스타트업의 현재 역량을 분석하면 멘토링의 품질과 일관성이 향상되어, 스타트업과 주관기관 모두에게 만족스러운 경험을 제공할 수 있다.

03) 비즈니스 모델 고도화 서비스

기존의 비즈니스 모델을 정교하게 다듬어 투자 유치 성공률과 시장 경쟁력을 높인다.

주요 특징

- AI 기반 분석과 전문가 인사이트를 결합한 사업계획서 완성도 향상
- 12단계 진단 프레임워크를 통한 맞춤형 피드백 제공
- 투자자의 관심을 끌 수 있는 전략적 비즈니스 모델 구축 지원
- 시장에서의 경쟁력 확보를 위한 구체적인 수정 방향 제시

기대 효과

스타트업의 비즈니스 모델 완성도가 높아져 투자 유치 성공률과 시장 진입 가능성이 증가한다.

왜 슈퍼망고 솔루션인가?

① AI 기술 활용

　최신 AI 기술을 적용하여 객관적이고 정확한 분석 제공

② 맞춤형 솔루션

　각 스타트업의 특성과 상황에 맞는 개별화된 지원

③ 데이터 기반 의사결정

　글로벌 스타트업 데이터베이스를 활용한 인사이트 제공

④ 효율성 증대

　멘토링 및 컨설팅 과정의 표준화로 시간과 비용 절감

⑤ 성과 측정과 결과 보고서 제공

　명확한 지표를 통한 스타트업의 성장 및 프로그램 효과 평가, 구체적인 결과가 담긴 보고서 제공

PART 2

STARTUP INVESTMENT STRATEGY 5단계

제 1장

INVESTMENT POTENTIAL

스타트업 투자 유치의 현실과 성공을 위한 전략

"Everybody has a plan
Until they get
Punched in the mouth"
- Mike Tyson

링 위에 선 기업의 진짜 고민
교과서와는 다르다

　스타트업을 위한 투자 유치는 현실적인 도전이어서 미국의 권투 선수 마이크 타이슨의 명언을 떠올리게 한다. "누구에게나 그럴싸한 계획은 있다. 쳐맞기 전까지만." 유명 드라마에서도 비슷한 말이 나온다. "회사 안은 전쟁터이지, 바깥은 지옥이야!" 막상 나가서 해보려 하면 꼭 이런 말이 나온다. 스타트업은 결국 투자 유치를 받아 스케일업해야 하는데,

말 그대로 험난한 여정의 시작일 수밖에 없다. 투자 유치는 책이나 이론만으로는 결코 해결되지 않는다. 실전에서 마주치는 상황은 언제나 예측 불가능하며, 험난한 여정의 연속이다. 특히, 스타트업이 처음으로 투자를 유치하는 과정은 그 자체로도 기업의 생존을 결정짓는 중요한 터닝 포인트가 된다.

실제 스타트업의 5년 차 생존율을 보면 대부분 국가에서 30-40% 정도에 불과하며, OECD 국가 평균은 45.4%이고, 대한민국은 35%에도 못 미친다. 스타트업의 열 중 일곱은 5년 이내에 문을 닫는다는 통계가 보여주듯, 시장에서 살아남는 것은 결코 쉽지 않다. 이처럼 치열한 환경에서 살아남고 성장하려면, 어떻게 투자를 유치할 것인가가 필수적인 과제가 된다. 무엇보다 중요한 것은 실패 요인을 미리 진단하고 이를 바탕으로 전략을 세우는 일이다.

PART 2

STARTUP INVESTMENT STRATEGY 5단계

제 1장

INVESTMENT POTENTIAL

스타트업 투자 유치의 현실과 성공을 위한 전략

"Everybody has a plan
Until they get
Punched in the mouth"
- Mike Tyson

링 위에 선 기업의 진짜 고민
교과서와는 다르다

    스타트업을 위한 투자 유치는 현실적인 도전이어서 미국의 권투 선수 마이크 타이슨의 명언을 떠올리게 한다. "누구에게나 그럴싸한 계획은 있다. 쳐맞기 전까지만." 유명 드라마에서도 비슷한 말이 나온다. "회사 안은 전쟁터이지, 바깥은 지옥이야!" 막상 나가서 해보려 하면 꼭 이런 말이 나온다. 스타트업은 결국 투자 유치를 받아 스케일업해야 하는데,

말 그대로 험난한 여정의 시작일 수밖에 없다. 투자 유치는 책이나 이론만으로는 결코 해결되지 않는다. 실전에서 마주치는 상황은 언제나 예측 불가능하며, 험난한 여정의 연속이다. 특히, 스타트업이 처음으로 투자를 유치하는 과정은 그 자체로도 기업의 생존을 결정짓는 중요한 터닝 포인트가 된다.

실제 스타트업의 5년 차 생존율을 보면 대부분 국가에서 30-40% 정도에 불과하며, OECD 국가 평균은 45.4%이고, 대한민국은 35%에도 못 미친다. 스타트업의 열 중 일곱은 5년 이내에 문을 닫는다는 통계가 보여주듯, 시장에서 살아남는 것은 결코 쉽지 않다. 이처럼 치열한 환경에서 살아남고 성장하려면, 어떻게 투자를 유치할 것인가가 필수적인 과제가 된다. 무엇보다 중요한 것은 실패 요인을 미리 진단하고 이를 바탕으로 전략을 세우는 일이다.

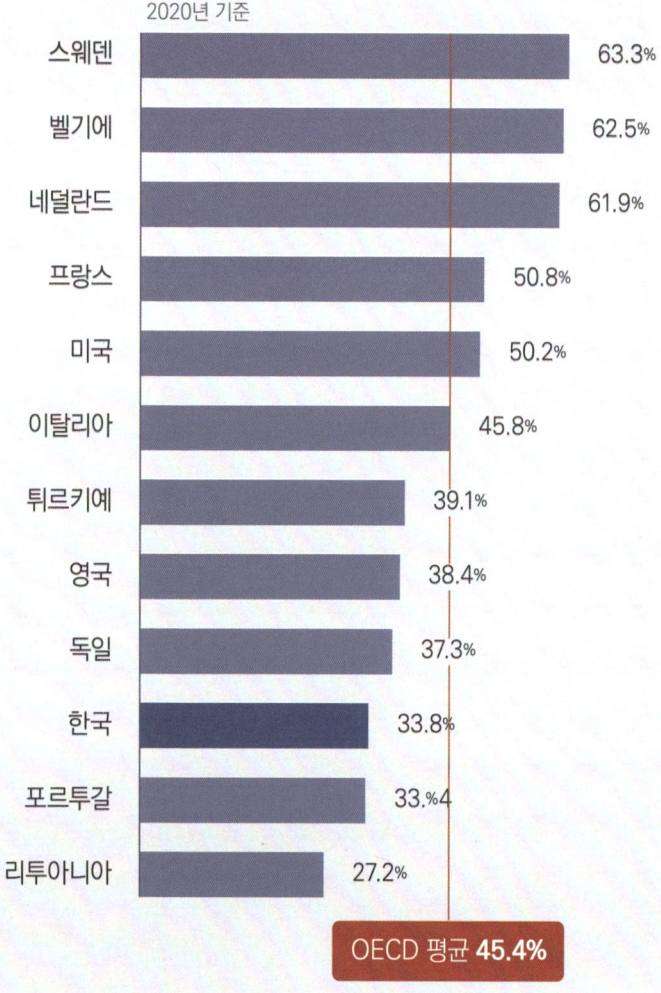

2019년, 미국의 글로벌 리서치 전문 기업 CB Insights에서 110개 스타트업을 대상으로 분석한 보고서 '스타트업이 실패하는 20가지 이유(Top 20 Reasons Startup Fail)'를 살펴보면, 스타트업이 실패하는 가장 큰 원인은 시장이 원하지 않는 제품을 만드는 데 있다. 이는 전체 실패 원인의 42%를 차지한다. 결국 고객이 원하는 가치를 창출하지 못하면, 아무리 뛰어난 기술과 아이디어가 있어도 시장에서 외면받는다. 두 번째로 중요한 실패 원인은 '자금 부족'으로, 이는 약 30%를 차지한다. 자금이 부족하면 연구 개발, 마케팅, 인재 확보 등 사업의 여러 측면에서 제약이 생기며, 이는 결국 성장의 한계를 가져오게 된다. 순위별로 간단하게 알아보면 다음과 같다.

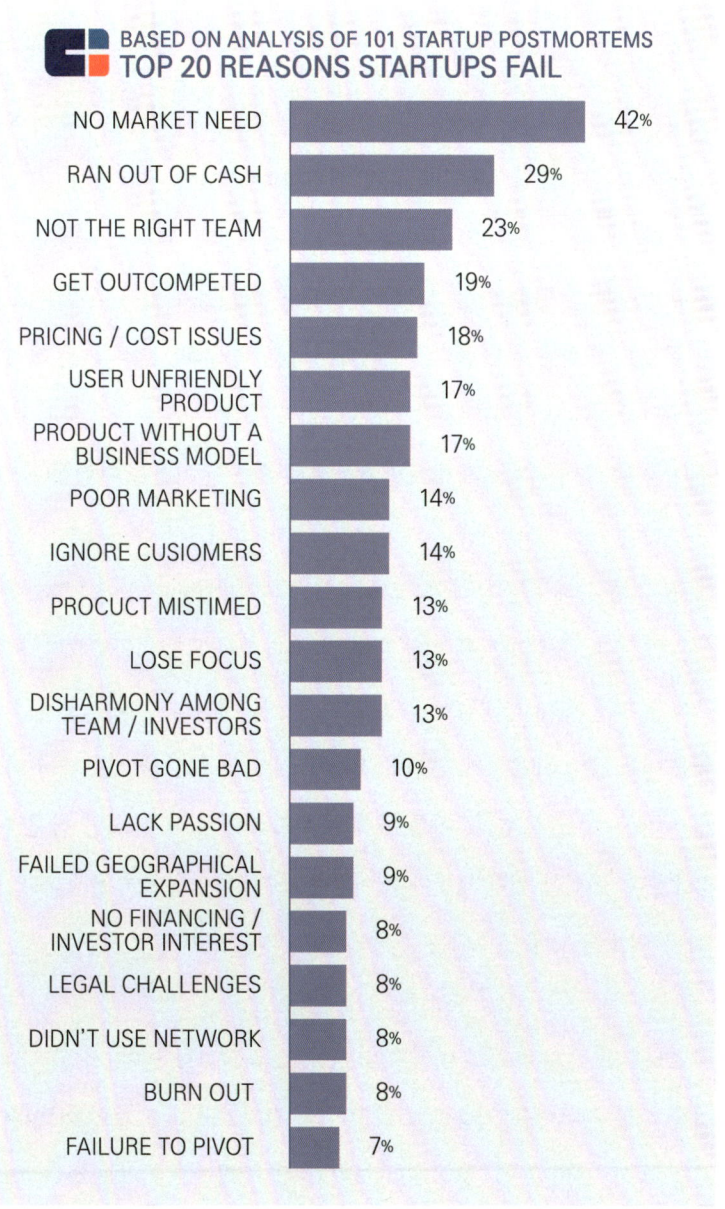

PART 2. Startup Investment Strategy 5단계

성공 기업 사례 및 전략

예를 들어, 미국의 유명한 차량 공유 서비스인 우버(Uber)는 초기 투자 유치 단계에서 매우 전략적인 접근을 취했다. 우버는 초기 단계에서 엔젤 투자자와 실리콘밸리의 유력 벤처캐피털(Venture Capital, VC)을 공략했으며, 특히 초기 투자자 중 한 명인 크리스 사카(Chris Sacca)는 우버의 시장 점유 가능성과 확장성에 큰 확신을 가졌다. 우버는 고객의 문제를 명확히 파악하고, 이를 해결하는 혁신적인 솔루션을 제시하여 투자자들에게 강한 인상을 남겼다. 이를 통해 우버는 초기 투자 유치에 성공했고, 이후 빠르게 글로벌 시장으로 확장할 기반을 마련했다.

또 다른 사례로는 온라인 결제 시스템 페이팔(PayPal)이 있다. 페이팔은 초기에 자금 확보를 위해 다양한 투자자들에게 접근했으며, 특히 고객 유치를 위해 공격적인 인센티브 전략을 사용했다. 페이팔은 신규 사용자와 기존 사용자가 친구를 추천할 때마다 보상을 제공하여 빠르게 사용자 수를 늘렸고, 이를 통해 투자자들에게 높은 성장 잠재력을 입증했다. 이러한 전략 덕분에 페이팔은 초기 투자 유치에 성공하고, 이후 이베이(eBay)에 인수되는 큰 성과를 이루게 되었다.

스타트업 투자 유치의 여정은 단순한 자금 확보를 넘어, 사업의 성장성과 시장 점유력을 입증받는 과정이다. 투자자들은 기업의 아이디어, 시장 분석, 사업 모델, 창업자의 역량 등을 종합적으로 평가한다. 이러한 과정에서 중요한 것은 투자자의 입장에서 '왜 이 스타트업에 투자해야 하는가'에 대한 명확한 답변을 제시하는 것이다. 투자자들은 단순히 자금을 제공하는 것이 아니라, 그들의 자본이 큰 수익을 창출할 수 있다는 확신이 필요하다.

투자 유치를 위한 전략

① 적절한 타이밍 선택

스타트업이 투자 유치를 시작하기에 가장 좋은 시점은 제품과 서비스가 시장에서 어느 정도 검증된 이후이다. 예를 들어, 제품이 프로토타입을 넘어 시장에서 실제 고객의 긍정적인 피드백을 받고 있다면, 투자자들은 이를 긍정적으로 평가할 가능성이 높다. 에어비앤비(Airbnb)는 초기 단계에서 자체 자금으로 사업을 운영하며 시장의 피드백을 수집했고, 성장 가능성을 투자자들에게 명확히 입증하면서 본격적인 투자 유치를 시작했다.

② 파트너 선택의 중요성

　투자자는 단순히 자금만 대는 사람이 아니다. 스타트업의 성장 과정에서 조언자가 되기도 하고, 네트워크를 연결해 주는 파트너가 되기도 한다. 따라서 투자자를 선택할 때, 자금의 규모 외에도 투자자가 제공할 수 있는 네트워크나 산업 경험을 고려해야 한다. 예를 들어, 슬랙(Slack)은 초기 투자 유치 과정에서 그들의 비즈니스 모델을 이해하고, 네트워크를 통해 기업 고객을 소개해 줄 수 있는 투자자를 우선적으로 선택했다.

③ 명확한 성장 로드맵 제시

　투자자들은 기업의 미래 성장 가능성에 관심이 많다. 따라서 투자 유치 과정에서 명확한 성장 로드맵과 구체적인 목표를 제시하는 것이 중요하다. 스페이스X(SpaceX)는 초기 투지지들에게 로켓 발사 비용을 획기적으로 절감하고, 상업용 우주 여행을 가능하게 하겠다는 비전을 제시하여 투자자들의 신뢰를 얻었다. 투자자들에게 기업이 성공할 수 있다는 확신을 심어주는 일은, 다름 아닌 명확한 비전과 단계별 목표다.

④ 철저한 피칭(Pitching) 준비

투자 유치 과정에서 피칭은 매우 중요하다. 짧은 시간 동안 투자자에게 기업의 가치를 전달할 때는 데이터를 기반으로 한 증거와 스토리텔링이 필수다. 줌(Zoom)의 창업자 에릭 유안(Eric Yuan)은 투자 유치 시, 기존 화상회의 플랫폼의 문제점을 지적하고, 줌이 제공하는 차별화된 사용자 경험을 강조하여 투자자들의 관심을 끌었다. 또한, 초기 사용자들의 긍정적인 피드백과 높은 사용 유지율을 근거로 제시하여 투자자들에게 신뢰를 주었다.

또한, 적절한 타이밍에 적절한 파트너를 선택하는 것도 스타트업의 중요한 전략 중 하나다. 투자 유치에는 '언제', '누구에게', '얼마나', '어떻게'라는 네 가지 중요한 요소가 존재한다. 네 가지 모두 신중하게 고려해야 할 요소이며, 유기적으로 맞물려야 성공적으로 투자 유치를 할 수 있다. 예를 들어, 성장 단계에 맞지 않는 투자자를 선택하거나, 과도한 자금을 유치하면 오히려 기업 성장에 악영향을 줄 수 있다.

투자 유치의 궁극적인 목표는 단순히 자금을 확보하는 것이 아니라, 기업의 성장을 가속화하고 지속 가능한 성과를 만들어내는 데 있다. 이를 위해서는 사업의 본질에 대한 깊은 이해는 물론, 그 가치를 시장에 효과적으로 전달할 수 있는 역량이 필요하다. 스타트업이 투자 유치에 성공하려면 시장에 미치는 영향력을 확대할 수 있는 성장 전략을 명확히 수립하고, 이를 지속적으로 실행해 나가는 과정이 뒷받침되어야 한다. 결국 스타트업이 그리는 목표의 크기와 그 목표를 실현하려는 집요한 실행력이 투자 유치의 성패를 가른다. 끊임없는 도전과 노력만이 험난한 여정 속에서 스타트업을 살아남게 할 수 있다.

스타트업이 실패하는 이유

앞에서 언급한 CB Insight의 보고서와 다른 수많은 자료를 살펴보면, 실패하는 스타트업에는 몇 가지 공통적인 요인이 있다. 각각의 요인이 무엇인지, 어떻게 해야 이와 같은 실패 요인을 극복할 수 있을지에 대한 전략적 대응 방안을 다음과 같이 제시해 본다.

01) 시장 수요 부족(No Market Need)

CB Insights의 조사에 따르면, 실패한 스타트업의 약 42%는 시장 수요 부족으로 인해 실패한 것으로 나타났다. 이는 창업자들이 기술에 대한 열정을 시장 수요와 혼동한 결과로 나타나는 경우가 많다. 특정 문제를 해결하는 기술을 개발했지만, 실제로 이를 필요로 하는 고객이 충분하지 않을 때 이와 같은 실패 요인이 발생한다. 이런 실패를 방지하기 위해서라도 스타트업은 시장 조사와 고객 피드백 수집을 철저하게 진행해야 한다. 특히, 최소 기능 제품(Minimum Viable Product, MVP)을 통해 초기 고객의 반응을 신속히 파악하고 피벗(Pivot)하는 능력이 중요하다. 고객과의 지속적인 대화를 통해 문제를 더 깊이 이해하고 실제로 돈을 지불할 가치가 있는지를 검증하는 것이 핵심 전략이다.

02) 자금 부족(Running Out of Cash)

자금 부족은 실패 원인 중 29%를 차지했다. 이는 단순한 자금 유치의 문제가 아니라, 자금을 얼마나 효율적으로 활용하느냐의 문제다. 초기 스타트업들은 자금을 너무 빨리 사용하거나, 예상치 못한 비용 때문에 어려움을 겪는다. 따라서 예산을 엄격히 설정하고 예상하지 못한 상황을 대비한 비상 자금을 마련해야 한다. 또한, 투자자와의 소통을 통해 추가적인 자금 유치 가능성을 항상 염두에 두어야 한다. 지속 가능한 성장 모델을 구축하고, 초기에는 효율적으로 자원을 활용하는 린 스타트업(Lean Startup)을 채택하면 도움이 된다.

03) 잘못된 팀 구성(Not the Right Team)

팀 구성 문제도 스타트업이 실패하는 원인 중 약 23%를 차지했다. 스타트업은 특히 초기 단계에서 다양한 역할을 수행해야 하며, 각 멤버의 역량이 회사의 성공에 직결된다. 창업팀의 비전이 일치하지 않거나 기술적, 비즈니스적 역량이 부족할 경우 큰 위험 요소가 된다. 팀 구성의 실패를 방지하기 위해서는 각 구성원이 명확한 역할과 책임을 가지고 있으며, 상호 보완적인 기술과 경험을 지닌 팀을 구축하는 것이 중요하다. 특히, 창업자는 팀원들과의 신뢰 관계를 형성하고 명확한 커뮤니케이션 체계를 만들어야 한다. 또한, 핵심 팀원이 이탈하는 상황에 대비한 계획을 세워두는 것도 중요하다.

04) 경쟁 과소평가(Getting Outcompeted)

경쟁사를 과소평가하는 것도 스타트업 실패의 주요 원인 중 하나다. CB Insights의 조사에 따르면, 더 큰 경쟁자가 시장에 진입하면서 기존에 있던 스타트업이 밀려나는 경우가 많다고 한다. 이는 시장에서 독자적인 경쟁 우위를 확보하는 것이 얼마나 중요한지를 보여준다. 스타트업이 이러한 경쟁에서 살아남기 위해서는 지속적으로 독창적인 가치를 제안하며 발전해야 하고, 차별화된 고객 경험을 제공해야 한다. 또한, 경쟁사의 동향을 주기적으로 모니터링하고, 필요하다면 빠르게 피벗하거나 제품을 개선하여 대응할 수 있는 민첩성이 있어야 한다.

05) 가격 책정 및 비용 구조 문제(Pricing and Cost Issues)

가격은 고객의 구매 결정에 직접적인 영향을 미친다. 그리고 실패한 스타트업의 약 18%가 잘못된 가격을 책정했다고 한다. 너무 낮은 가격은 지속 가능성(Sustainability)를 해치고, 너무 높은 가격은 시장 수요를 감소시킬 수 있다. 시장에서 적절한 가격대를 설정하기 위해서라도, 스타트업은 고객의 가격 지불 의사와 경쟁사 제품의 가격, 비용이 책정되는 구조 등을 분석해야 한다. 초기에는 다양한 가격 실험을 통해 고객 반응을 파악하고, 피드백에 기반하여 가격 전략을 조정하는 것이 중요하다.

06) 제품/시장 적합성 미비(Poor Product-Market Fit)

제품과 시장 간의 적합성이 부족하다면 아무리 좋은 제품도 고객의 마음을 사로잡지 못한다. 제품/시장 적합성(Product Market Fit, PMF)을 이루기 위해서는 고객의 실제 문제를 해결하는 제품을 만들어야 한다. 스타트업은 제품 개선 시 고객의 목소리를 반영해야 하고, 제품의 초기 채택자들에게 지속적인 피드백을 받을 수 있어야 한다. 이 과정에서 반복적 개발(Iterative Development)과 같은 방식을 활용하여 제품을 점진적으로 개선해 나가야 한다.

07) 비즈니스 모델 부재(No Clear Business Model)

또 다른 주요 실패 요인은 명확한 비즈니스 모델의 부재이다. CB Insights에 따르면 많은 스타트업이 수익화 전략 없이 성장을 추구하다가 자금 고갈로 실패하게 된다. 스타트업은 초기 단계부터 어떻게 수익을 창출할지 명확한 계획을 가지고 있어야 한다. 고객에게 가치를 제공하는 동시에 그 가치를 수익으로 전환할 수 있는 구조를 지속적으로 고민하고 실험해야 한다. 프리미엄(Freemium) 모델, 구독 기반 모델 등 다양한 비즈니스 모델을 고려하고, 고객 반응을 바탕으로 최적화해 나가는 과정이 필요하다.

08) 마케팅 부족(Poor Marketing)

스타트업이 실패하는 원인 중 약 14%는 효과적인 마케팅 전략의 부재로 실패한다. 아무리 좋은 제품이라도 타깃 고객에게 도달하지 않으면 성공하기 어렵다. 스타트업은 자신들의 제품을 어떻게 시장에 알릴지에 대해 명확한 전략을 수립해야 한다. 디지털 마케팅, 콘텐츠 마케팅은 물론, 소셜 미디어도 적극적으로 활용하는 등 다양한 접근 방식이 필요하다. 초기에는 적은 비용으로 큰 효과를 낼 수 있는 성장 해킹(Growth Hacking)전략을 활용하는 것이 중요하다.

09) 고객 서비스 부족(Poor Customer Service)

고객 서비스가 부족하다면 스타트업은 실패할 수 있다. 고객이 제품을 사용하다 문제가 발생했다면, 이를 신속하게 해결해줄 수 있어야 한다. 어떻게 해결하느냐에 따라 고객은 충성 고객이 될 수도 있고, 뒤도 돌아보지 않고 떠날 수도 있다. 스타트업은 고객의 목소리에 귀를 기울여 지속적으로 서비스를 개선해야 한다. 고객 지원 채널을 다양화하고, 수집한 피드백을 제품 개선에 반영하는 것이 중요하다.

10) 확장성 부족(Inability to Scale)

확장성이 부족한 스타트업도 실패할 수 있다. 초기에는 잘 작동하던 비즈니스 모델도 규모가 커지면서 더 이상 효과적이지 않을 수 있다. 이를 방지하기 위해서는 초기부터 확장 가능성을 고려해 비즈니스 모델과 운영 체계를 구축해야 한다. 기술 인프라, 인력, 프로세스 등이 확장 가능한지 점검하고, 필요 시 적절한 자동화와 효율화 전략을 도입하는 것이 중요하다.

11) 법적 문제(Legal Challenges)

　스타트업은 미처 고려하지 못한 법적 문제가 발생했을 경우에 큰 어려움을 겪을 수 있다. 지적 재산권 침해, 규제 미준수, 계약 분쟁 등 다양한 법적 리스크가 존재한다. 법률 전문가와 협력하여 초기부터 법적 리스크를 관리하고, 필요한 경우 법적 자문을 구할 수 있어야 한다. 특히, 지적 재산권 보호와 관련한 문제가 발생해도 대비할 수 있도록 전략을 수립해 두어야 한다.

12) 잘못된 타이밍(Bad Timing)

　타이밍은 스타트업 성공을 좌우하는 핵심 요소다. 관련한 문제가 발생해도 대비할 수 있도록 전략을 수립해 두어야 한다. 타이밍을 맞추기 위해서는 시장의 변화와 고객의 수요를 지속적으로 모니터링하고, 제품 출시 시기를 신중하게 결정해야 한다. 시장 조사와 트렌드 분석을 통해 최적의 타이밍을 찾는 것이 중요하다.

13) 제품의 과도한 복잡성(Product Complexity)

　제품이 지나치게 복잡하다면 고객은 사용하기 어려워하고, 결국 제품을 포기하게 된다. 스타트업은 고객이 쉽게 이해하고 사용할 수 있는 직관적인 제품을 제공해야 한다. 이를 위해 UX/UI 디자인에 신경을 쓰고, 초기 사용자 테스트를 통해 제품의 사용성을 검증하고 개선해야 한다.

14) 창업자 간 갈등(Founder Conflict)

창업자 간에 발생한 갈등은 스타트업의 큰 리스크이다. 비전, 경영 방식, 지분 구조 등 어떤 이유로든 갈등은 발생할 수 있으며, 이는 성과에 부정적인 영향을 미친다. 이러한 갈등을 예방하기 위해서는 창업 초기부터 명확한 역할 분담과 의사결정 구조를 정립하고, 서로 간의 신뢰를 구축하는 것이 중요하다. 정기적인 소통과 문제 해결을 위한 열린 자세도 필요하다.

15) 기술적 문제(Tech Issues)

기술적 문제가 발생하면 제품의 신뢰도가 떨어지고, 이는 고객 이탈로 이어질 수 있다. 스타트업은 기술적 문제를 예방하기 위해 철저한 테스트와 품질 관리를 해야 한다. 또한, 기술적 문제가 발생하면 이를 신속하게 해결할 수 있는 체계를 마련하고, 고객에게 투명하게 상황을 공유하는 것이 중요하다.

16) 비현실적인 목표 설정(Unrealistic Goals)

비현실적인 목표 설정은 팀의 사기를 저하시킬 수 있다. 목표가 너무 높으면 달성하기 어렵고, 팀원들의 내적 동기를 떨어뜨린다. 스타트업은 SMART(Specific, Measurable, Achievable, Relevant, Time-bound) 목표 설정 방식을 통해 현실적이고 구체적인 목표를 설정하고, 달성함으로써 팀의 사기를 유지하는 것이 중요하다.

17) 네트워킹 부족(Lack of Networking)

네트워킹은 스타트업의 성장에 중요한 역할을 한다. 투자자, 멘토, 산업 전문가들과의 네트워크는 자금 조달과 조언, 협력의 기회를 만든다. 네트워킹이 부족하면 이런 기회를 놓치게 된다. 스타트업은 다양한 행사, 컨퍼런스, 네트워킹 이벤트에 참여하여 업계 내 인맥을 구축하고, 이를 통해 성장 기회를 모색해야 한다.

18) 고객 이해 부족(Lack of Customer Understanding)

고객에 대한 깊은 이해 없이 제품을 개발하면 실패할 가능성이 크다. 고객이 무엇을 원하는지, 지금 처한 문제는 무엇인지 정확히 파악하고 이를 해결하는 제품을 개발해야 한다. 고객 인터뷰, 설문조사, 사용자 테스트 등을 통해 고객의 목소리를 제품 개발에 반영하는 것이 중요하다.

19) 효과적인 피드백 시스템 부재(Lack of Effective Feedback Loop)

피드백은 제품과 서비스 개선의 핵심이다. 효과적인 피드백 시스템이 없다면, 고객의 불만이나 개선 요구를 적시에 반영하기 어렵다. 스타트업은 고객, 팀원, 투자자 등 다양한 이해관계자로부터 피드백을 받을 수 있는 시스템을 구축하고, 적극 활용할 수 있는 기반을 마련해야 한다. 이를 통해 제품과 서비스의 품질을 지속적으로 개선할 수 있다.

20) 과도한 확장(Overexpansion)

사업을 너무 빠르게 확장하면 자원이 낭비되고 운영에 문제를 초래할 수 있다. 스타트업은 확장 시기를 신중하게 판단하고, 충분한 준비가 되었을 때 확장해야 한다. 초기에는 작고 집중적인 시장에서 성공을 거두고, 단계적으로 사업을 확장하는 전략을 세워라. 또한, 확장 과정에서 발생할 수 있는 운영상의 문제를 미리 예측하고 대비하는 것이 필요하다.

21) 제품 개선에 대한 지속적 투자 부족
(Lack of Continuous Product Improvement)

제품이 출시되고 시장에서 반응을 얻었다고 해서 안주하면 바로 경쟁에서 밀려날 수 있다. 고객의 기대도, 경쟁 제품도 계속해서 변하고 있다. 제품 개선에 투자를 소홀히 하지 말아야 한다. 고객 피드백을 반영해 제품의 기능과 사용성, 성능 등을 향상시켜라. 정기적인 업데이트와 새로운 기능 추가로 고객의 관심을 유지하고 만족도를 높이는 것이 중요하다.

22) 고객과의 신뢰 부족(Lack of Trust with Customers)

고객과의 신뢰 형성은 스타트업의 장기적 성공에 매우 중요하다. 신뢰가 부족하면 고객은 경쟁사로 쉽게 이탈할 수 있다. 투명하게 소통하고, 정직하게 해결하고, 약속을 지켜라. 고객과의 신뢰를 쌓기 위해 서비스 품질을 유지하고, 고객과의 긍정적인 상호작용을 강화해야 한다.

23) 비즈니스 지표의 부정확한 측정(Improper Metrics Tracking)

사업의 성과는 정확하게 측정해야 한다. 중요한 것은 무엇을 측정하고 어떻게 개선할지 명확히 아는 것이다. 핵심 성과 지표(KPI)를 설정하고, 이를 통해 제품의 성공 여부와 비즈니스 성장 상황을 지속적으로 점검해야 한다. 잘못된 지표에 집중하면 잘못된 방향으로 자원을 낭비할 수 있다.

24) 기술 변화에 대한 대응 부족 (Failure to Adapt to Technological Changes)

기술 변화에 적절히 대응하지 못하는 스타트업은 시장에서 뒤처질 수밖에 없다. 기술은 매우 빠르게 발전하고 있으며, 고객의 기대도 이에 따라 변화한다. 스타트업은 최신 기술 트렌드를 주기적으로 분석하고, 필요한 경우 기술을 도입하거나 기존 기술을 개선해야 한다. 기술 변화에 빠르게 대응하는 것이 경쟁 우위를 유지하는 중요한 요소이다.

25) 비전의 불명확성(Lack of Clear Vision)

스타트업의 비전이 명확하지 않으면 팀원들은 혼란스러워지고, 전략적 결정을 내리는 데 어려움을 겪게 된다. 선명한 비전은 회사의 방향을 제시하고, 팀원들이 목표를 공유하며 함께 나아가도록 도와준다. 스타트업 창업자는 명확하고 영감 있는 비전을 설정하고, 이를 팀과 지속적으로 공유해야 한다.

이처럼 스타트업의 실패 원인들은 서로 긴밀하게 얽혀 있으며, 이를 해결하기 위한 전략은 유연하고 지속적으로 개선 가능한 형태여야 한다. 중요한 것은 초기의 열정과 아이디어를 시장에 맞춰서 실질적인 가치로 끊임없이 다듬고 발전시키는 과정이다. 스타트업이 실패하지 않기 위해서는 시장과 고객을 중심에 두고, 팀 구성, 자금 운용, 제품 개발, 비즈니스 모델 등을 지속적으로 검증하고 발전해 나가야 한다.

당신이 창업해서 투자 받을 가능성은?

스타트업을 창업하고 자금을 유치하는 과정은 생각보다 훨씬 더 험난하고 불확실하다. 사실, 많은 창업자들이 '자신의 아이디어만으로도 충분히 투자를 받을 수 있을 것'이라는 낙관적인 기대를 가지고 시작하지만, 현실은 그렇지 않다.

CB Insights에 따르면, 스타트업의 약 75%가 초기 단계에서 시장에 자리잡지 못한다. 그 주요 원인 중 하나는 바로 투자 유치 실패다. 그렇다면 당신이 창업해 투자를 받을 가능성은 얼마나 될까? 그리고 그 가능성을 높이기 위해선 무엇을 해야 할까?

01) 현실적인 투자 유치 가능성 평가

투자를 유치하기 위해서는 아이디어 자체보다 더 중요한 요소들이 많이 있다. 투자자들은 단순한 '아이디어'가 아닌 '문제를 해결할 수 있는 능력'을 평가한다. 문제의 크기, 시장 규모, 창업팀의 역량, 실행 계획의 실현 가능성 등이 투자 결정에 영향을 미친다. 따라서 제일 먼저, 자신의 아이디어가 어떤 시장 가치를 가지고 있는지 냉정하게 평가해 봐야 한다.

시장 분석의 중요성

투자자들은 시장의 크기와 성장 가능성을 중요하게 생각한다. 당신의 스타트업이 겨냥하는 시장이 충분히 크고 성장 가능성이 있는지를 명확하게 제시해야 한다. 실제 사례로, 에어비앤비는 초기 투자 유치 과정에서 '숙박 시장의 혁신'이라는 커다란 비전을 제시하며 기존의 숙박 산업을 뛰어넘을 성장 가능성을 강조했다.

창업팀의 역량

팀의 역량은 투자자들이 가장 중요하게 보는 부분 중 하나이다. 팀이 기술적인 역량을 갖추고 있는지, 비즈니스 운영 능력은 얼마나 되는지, 또 문제가 발생하면 능숙하게 해결할 수 있는지 등이 투자를 결정짓는 요소가 된다. 예를 들어, 우버의 경우 트래비스 칼라닉과 가렛 캠프에게는 이미 성공적인 창업 경험이 있었기에 초기 투자자들에게 신뢰를 줄 수 있었다. 따라서 창업자는 자신의 팀이 어떤 면에서 강점이 있는지, 그리고 어떻게 서로를 보완할 수 있는지를 명확히 설명할 필요가 있다.

02) 투자자가 보는 핵심 지표들

투자자들은 스타트업의 가치와 성장 가능성을 판단하기 위해 다양한 지표를 참고한다. 이 중 특히 중요한 것은 제품/시장 적합성이다. 제품/시장 적합성은 제품이 실제로 시장에서 얼마나 잘 맞아떨어지는지를 의미한다. 투자자들은 이미 시장에 출시된 제품이 고객의 긍정적인 반응을 충분히 이끌어내는지, 그 증거를 보고 싶어한다. 따라서 최소 기능 제품을 통해 고객의 피드백을 얻고, 이를 바탕으로 제품을 빠르게 개선해 나가는 것이 중요하다.

성장 지표

초기 고객 수, 사용자 유지율, 전환율 등 구체적인 성장 지표를 제시하는 것이 투자 유치에 큰 도움이 된다. 슬랙은 사업 초기 단계에서 사용자들이 제품을 어떻게 사용하는지, 얼마나 오래 사용하는지를 철저히 분석하여 이를 근거로 투자자들을 설득했다.

수익 모델의 명확성

많은 스타트업들이 명확한 수익 모델 없이 성장만을 추구하다가 자금 부족으로 어려움을 겪는다. 당신의 비즈니스가 어떻게 수익을 창출할 것인지 명확히 설명해야 한다. 드롭박스(Dropbox)는 사업 초기에 투자자들에게 이미 충분히 확보된 사용자들을 유료 고객으로 전환할 수 있는 프리미엄(Freemium) 전략을 명확히 제시했다.

03) 투자 유치 가능성을 높이는 방법론

네트워킹과 멘토십

성공적인 투자 유치는 단순히 좋은 아이디어와 비즈니스 모델에만 의존하지 않는다. 적절한 네트워크를 형성하고, 산업 내에서 신뢰를 얻는 것이 중요하다. 네트워킹 이벤트에 참여하거나, 성공적인 창업가들의 멘토링을 받는 것은 투자 유치 가능성을 높이는 좋은 방법이다. 와이 콤비네이터(Y Combinator, YC)의 졸업생들 대부분은 커뮤니티 내에서 멘토와의 긴밀한 관계를 통해 초기 자금 유치에 성공했다.

스토리텔링의 힘

투자자들을 설득하려면 효과적인 스토리텔링이 필요하다. 당신의 스타트업이 해결하려는 문제의 중요성을 강조하고, 그 문제를 해결하기 위한 당신의 열정과 비전을 생생하게 전달해야 한다. 스팽스(Spanx)의 창업자인 사라 블레이클리는 자신의 경험을 통해 여성들이 겪는 불편함을 어떻게 해결할 수 있는지에 대해 진정성 있는 이야기를 전달하여 투자자들을 설득했다.

리스크 관리 계획

스타트업의 리스크는 투자자들에게 큰 걸림돌이 될 수 있다. 리스크를 어떻게 관리하고 줄여나갈지에 대한 명확한 계획을 제시하는 것이 중요하다. 이는 자금 관리, 법적 문제 대응, 경쟁 대응 전략 등을 포함한다. 예를 들어, 스퀘어(Square)는 초기부터 금융 규제와 관련된 리스크를 잘 관리하고 있다는 점을 강조하며 투자자들의 신뢰를 얻었다.

시장 타이밍

시장 진입하는 타이밍은 스타트업 성공에 결정적인 요소다. 시장에 너무 일찍 진입하면 고객이 준비되지 않았을 수 있고, 너무 늦으면 경쟁자에게 시장을 빼앗길 위험이 있다. 투자자들은 시장 진입 타이밍을 어떻게 고려했는지에 대해 관심을 가진다. 예를 들어, 줌은 비디오 컨퍼런스 시장이 본격적으로 성장하기 시작할 때 시장에 진입하여 성공을 거두었다.

데모 및 시연 준비

제품이나 서비스를 직접 시연해 보여주는 것은 투자자들에게 좋은 인상을 줄 수 있다. 데모는 아이디어가 실제로 작동하고 가치를 제공할 수 있음을 증명하는 가장 강력한 방법이다. 예를 들어, 테슬라(Tesla)의 일론 머스크(Elon Musk)는 신제품을 발표할 때 항상 라이브 데모를 통해 기술 혁신을 강조했다. 이러한 데모는 투자자들로 하여금 제품의 가능성을 직접 체감하게 하고 신뢰를 높이는 역할을 한다.

04) 극복 사례: 실패에서 배우기

스타트업이 항상 처음부터 성공하는 것은 아니다. 초기 투자 유치에 실패한 뒤, 이를 극복하고 성공한 사례들도 많이 있다. 투자 유치는 100개의 투자사를 모두 설득해야 하는 것이 아니라, 단 한두 곳만 설득하면 되는 게임이다.

핀터레스트(Pinterest)

핀터레스트는 초기 투자 유치에 여러 번 실패했다. 투자자들은 아이디어가 너무 틈새적이고, 시장이 작다고 판단했다. 하지만 창업자인 벤 실버만은 사용자 기반을 천천히 구축하며, 사용자들이 플랫폼을 어떻게 사용하는지에 대한 데이터를 수집했다. 이를 통해 시장의 잠재력을 재평가하고, 투자자들에게 더 강력한 설득력을 발휘할 수 있었다.

링(Ring)

링의 창업자 제이미 시미노프는 초기 투자자들로부터 수차례 거절당했지만, 자신의 비전을 놓지 않고 꾸준히 제품을 개선했다. 결국 아마존 CEO 제프 베조스의 관심을 끌게 되었고, 대규모 인수로 이어졌다. 이 사례는 초기 실패를 딛고 비전을 지속해 나가는 것이 얼마나 중요한지를 보여준다.

레딧(Reddit)

초창기 레딧은 사용자가 잘 늘지 않아 어려움을 겪었다. 그래서 공동 창업자들은 커뮤니티를 직접 구축하고 콘텐츠를 채워 넣으며 초기 사용자를 유치하는 데 집중했다. 이 과정에서 사용자 경험을 개선하고 커뮤니티 문화를 형성하면서 투자자들의 관심을 끌 수 있었다.

슬랙

슬랙은 초기에는 게임 개발사로 시작했으나, 이후 팀 커뮤니케이션 도구를 만드는 회사로 피벗하면서 성공을 거두었다. 초기 게임 프로젝트는 실패했지만, 슬랙은 내부에서 사용하던 협업 도구의 가능성을 깨닫고 이를 제품화하여 투자자들의 관심을 끌었다. 실패를 기회로 전환한 좋은 사례이다.

05) 투자자 설득을 위한 핵심 요소들

제품 비전의 명확성

투자자들은 단기적인 성과보다 장기적인 비전을 중요시한다. 당신의 제품이 해결하고자 하는 문제와 그 해결 방법에 대한 장기적인 비전을 명확히 제시해야 한다. 예를 들어, 스페이스X는 '인류의 화성 이주'라는 거대한 비전을 제시하며 장기 투자자들을 끌어들였다.

고객 문제에 대한 깊은 이해

고객의 문제를 깊이 이해하고 있다는 것을 보여주는 것이 중요하다. 고객 인터뷰나 설문조사를 통해 알게 된 불편한 점, 즉 Pain Point를 구체적으로 설명하고, 동시에 이를 해결하는 방법을 제시할 수 있어야 한다. 이를 통해 투자자들에게 당신의 제품이 실질적인 해결책임을 확신시킬 수 있다.

경쟁 우위 확보 전략

경쟁이 치열한 시장에서 살아남기 위해서는 독창적인 경쟁 우위를 확보하는 것이 중요하다. 특허, 독점적인 기술, 네트워크 효과 등 경쟁자들이 쉽게 모방할 수 없는 요소들을 강조해야 한다. 예를 들어, 구글은 검색 알고리즘의 독창성과 방대한 데이터 처리 능력을 강조하며 투자자들을 설득했다.

결론

당신이 창업해서 투자받을 가능성은 여러 요소에 달려 있다. 아이디어의 참신성, 시장의 크기, 팀의 역량, 명확한 비즈니스 모델, 효과적인 스토리텔링, 그리고 투자자들과의 신뢰 형성이 모두 영향을 미친다.

하지만 무엇보다 중요한 것은 실패를 두려워하지 않고 끊임없이 개선하려는 태도다. 투자자들은 투자자는 단순한 아이디어보다 이를 실행에 옮기고 문제를 해결하는 창업자의 태도를 더 높게 평가한다.

그러니 초기 실패에 좌절하지 말자. 자신을 믿고 꾸준히 도전할 때, 투자 유치의 가능성도 높아지고 창업 여정도 성공적으로 이어나갈 수 있다.

제 2장

START WITH WHY

스타트업 투자 유치 전략의 핵심
Start with Why 접근법을 중심으로

투자 유치는 스타트업의 생존과 성장에 있어서 필수적인 단계가 된다. 하지만 정말 돈만 모이면 되는 것일까? 그렇지 않다. 이 과정은 기업의 미션, 비전, 가치를 명확히 하고, 이를 투자자, 팀, 고객에게 설득하는 여정이다. 이때 가장 중요한 것은 바로 'Why', 즉 기업이 왜 존재하는지에 대한 명확한 이유를 갖는 것이다. 이 접근법은 사이먼 시넥(Simon Sinek)의 Start with Why 개념에서 비롯된 것으로, 성공적인 투자를 유치하고 싶은 스타트업이라면 반드시 짚고 넘어가야 한다.

01) Why가 명확한 기업의 힘

Why가 명확한 기업은 난관을 극복하고, 지속 가능한 성장을 이뤄낼 수 있다. 스타트업이 시장에서 살아남고 투자자를 설득하려면 왜 이 사업을 시작했는지와 어떤 가치를 창출하려는지에 대한 명확한 설명이 필요하다. 예를 들어, '페이스메이커스'라는 액셀러레이터(Accelerator)는 '스타트업의 꿈을 이루어주기 위해 존재한다'는 명확한 미션을 가지고 있다. 이런 미션은 투자자에게 강한 설득력을 주고, 팀 내부의 결속력과 동기 부여도 높인다.

파타고니아(Patagonia)는 환경 보호를 위해 존재한다고 명확히 밝히며, 이를 중심으로 모든 경영 활동을 전개해 왔다. 이 회사는 단순한 아웃도어 브랜드가 아닌, 지구 환경 보호를 미션으로 삼아 고객과 투자자 모두에게 강한 신뢰와 지지를 얻었다. 이는 스타트업들이 Why를 명확히 정의할 때 얼마나 강력한 무기를 가지게 되는지를 보여주는 좋은 사례이다.

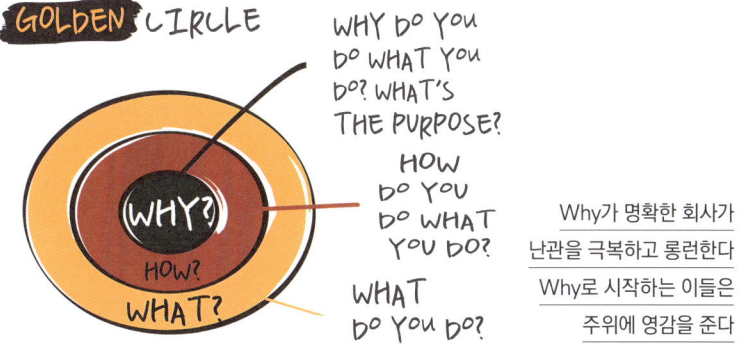

Why가 명확한 회사가 난관을 극복하고 롱런한다
Why로 시작하는 이들은 주위에 영감을 준다

02) How와 What으로 연결되는 전략

Why가 명확하면 자연스럽게 어떻게(How)와 무엇(What)으로 이어진다. 즉, Why를 바탕으로 어떻게 문제를 해결할지, 무엇으로 구현할지를 명확히 정의할 수 있다. 이 과정은 기업이 투자자와의 대화에서 신뢰를 쌓는 핵심 요소다. 예를 들어, 페이스메이커스는 기술기반 스타트업의 국내외 매칭을 위한 생태계 플랫폼을 만드는 것을 목표로 하며, 이 플랫폼을 통해 스타트업의 꿈을 이루어준다는 미션을 실현하고자 한다.

또한, 에어비앤비는 "사람들이 어디에서든 집처럼 느낄 수 있도록 한다"는 Why를 가지고, 이를 실현하기 위해 호스트와 여행객을 연결하는 혁신적인 플랫폼을 구축했다. 에어비앤비는 단순히 숙박 공간을 제공하는 것을 넘어, 여행자들에게 현지에서만 경험할 수 있는 생생한 여행을 제공한다는 목표를 가지고 있었다. 이러한 How와 What의 명확한 정의는 투자자들에게 에어비앤비의 비전과 성장 가능성을 설득력 있게 전달했다.

03) 주관적인 비즈니스 모델을 객관화하기

스타트업이 투자자에게 매력적으로 보이기 위해서는 주관적인 비즈니스 모델을 객관화할 수 있어야 한다. 초기 단계의 스타트업은 비즈니스 모델이 명확히 검증되지 않았기 때문에, 이를 객관적으로 증명할 수 있어야 한다. 이를 위해 시장 조사, 고객 피드백, 프로토타입 테스트 등의 데이터를 활용하여 비즈니스 모델의 가능성을 입증해야 한다. 예를 들어, 슬랙은 초기 투자 단계에서 그들의 비즈니스 모델이 실제 기업 고객들에게 얼마나 효과적인지를 증명하는 데 집중하여 성공적으로 투자를 유치했다.

또한, 우버는 초기 단계에서 승객과 운전자를 연결하는 간단한 앱 프로토타입을 통해 시장 수요와 공급 간의 불균형 문제를 해결할 가능성을 입증했다. 이를 통해 초기 투자자들에게 비즈니스 모델의 실현 가능성을 설득력 있게 전달했고, 이후 대규모 자금 유치에 성공하며 빠르게 성장할 수 있었다.

04) 기업가정신과 끈질김

투자 유치 과정에서 기업가정신과 끈질김은 매우 중요한 요소이다. 유대인들의 후츠파(Chutzpah) 정신처럼, 스타트업은 끊임없이 도전하고, 실패해도 다시 일어설 수 있는 용기와 끈기가 필요하다. 특히 투자 유치 과정은 거절과 실패의 연속일 수 있지만, 이러한 경험을 통해 기업은 더 강해지고 전략을 보완해 나갈 수 있다. 피터 드러커는 기업가정신을 다음과 같이 정의했다. "기업가정신이란 미래의 불확실성 속에서 기회를 발견하고, 실행을 통해 사회적 가치를 만들어내는 과정이다."

이는 스타트업이 수익 창출이나 자금 조달을 목표로 하기보다, 사회에 새로운 가치를 만들어내겠다는 의지가 있는 조직임을 보여준다. 예를 들어, 스페이스X는 수많은 로켓 발사 실패에도 불구하고 지속적인 시도 끝에 상업용 우주선 발사에 성공했다. 이러한 끈질김과 끊임없는 도전 정신은 투자자들에게도 큰 신뢰를 주었으며, 결국 추가적인 자금 유치와 더 큰 프로젝트로의 발전을 가능하게 했다.

이스라엘을 일으킨 후츠파 정신처럼

'후츠파'에 담긴 7가지 처방

1. 형식 타파(Informality)
2. 질문의 권리(Questioning Authority)
3. 섞임(Mash-up)
4. 위험 감수(Risk Taking)
5. 목표 지향(Mission Orientaion)
6. 끈질김(Tenacity)
7. 실패로부터의 교훈(Learning from Failure)

자료: 창업국가, 댄 세노르·사울 싱어 지음, 김상철 옮김, 다할미디어, 2010.

05) 설득력 있는 스토리텔링의 중요성

스타트업이 투자자들을 설득하기 위해서는 설득력 있는 스토리텔링이 필요하다. 이는 단순히 숫자와 데이터를 나열하는 것이 아니라, 왜 이 사업이 중요한지, 어떤 문제를 해결하려는지, 그리고 세상에 어떤 긍정적인 영향을 미칠 수 있는지를 공감과 확신을 불러일으키는 방식으로 전달하는 과정이다. 예를 들어, 줌의 창업자 에릭 유안(Eric Yuan)은 기존 화상회의 솔루션의 문제점을 명확히 지적하고, 줌이 제공하는 차별화된 사용자 경험을 강조해 투자자들의 신뢰를 얻었다.

또한, 테슬라는 단순히 전기차를 만드는 것을 넘어 지속 가능한 에너지로 더 나은 미래를 실현하겠다는 비전을 강조하며, 투자자와 고객 모두에게 강한 인상을 남겼다. 일론 머스크는 테슬라의 스토리를 통해 단순히 차량을 판매하는 것을 넘어서 지구 환경 보호라는 더 큰 목적을 강조했고, 이는 투자자의 신뢰를 얻고 대규모 자본 유치로 이어졌다.

06) CEO의 역할과 리더십

투자 유치 과정에서 스타트업의 대표, 즉 CEO의 역할은 매우 중요하다. CEO는 팀을 이끄는 리더이자, 기업의 Why를 전달하는 핵심 설득자다. 투자자들은 CEO가 얼마나 열정적이고, 명확한 비전과 리더십을 가지고 있는지를 중요하게 평가한다. 성공적인 투자 유치를 위해 CEO는 팀과 투자자, 고객을 설득하는 능력을 가지고 있어야 하며, 사람들의 열정을 끌어내 모두가 같은 방향으로 나아가도록 해야 한다. 예를 들어,

스페이스X의 일론 머스크는 그의 비전과 열정을 바탕으로 팀과 투자자들을 설득하며, 우주 산업의 혁신을 이끌어냈다.

또한, 스타벅스(Starbucks)의 하워드 슐츠(Howard Schultz)는 그전까지 단순히 커피를 판매하는 곳이라고 여겼던 카페의 개념을 재정의했다. 사람들이 모여서 교류하고 휴식을 취할 수 있는 제3의 공간이라는 비전을 제시하여 팀과 투자자 모두를 설득했다. 이러한 리더십과 비전은 스타벅스를 글로벌 브랜드로 성장시킨 핵심 원동력이었다.

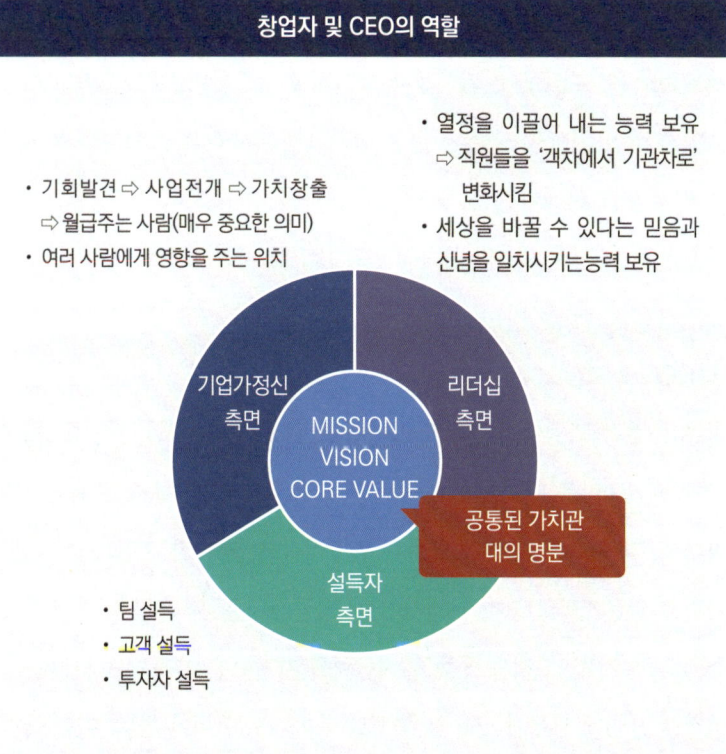

07) 미션, 비전, 코어밸류의 설정

스타트업은 투자 유치 과정에서 미션(Mission), 비전(Vision), 코어밸류(Core Value)를 명확히 설정하고 이를 공유해야 한다. 미션은 '왜 이 일을 하는가'에 대한 대답으로, 기업의 존재 이유를 정의한다. 비전은 '무엇이 될 것인가'에 대한 답으로, 기업이 향하는 미래의 방향을 제시한다. 마지막으로 코어밸류는 '어떻게 사업을 운영할 것인가'에 대한 기준으로, 기업이 어떤 가치관을 실천하는지를 보여준다. 이 세 가지 요소는 투자자들에게 기업이 단순한 수익 창출을 넘어 더 큰 목적과 가치를 지향하고 있음을 보여준다.

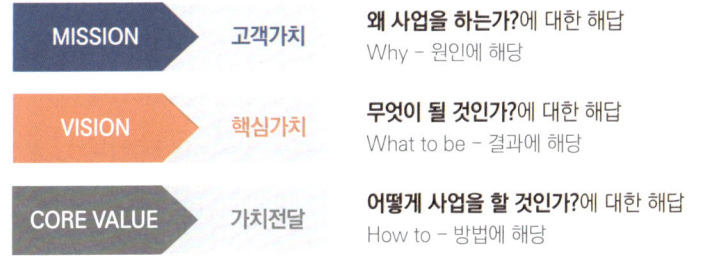

예를 들어, 구글의 미션은 "세계의 정보를 체계화하여 누구나 접근하고 유용하게 만드는 것"으로, 이를 통해 구글은 검색 엔진을 넘어 다양한 서비스로 확장하며 사용자와 투자자에게 명확한 비전을 전달했다.

이러한 미션, 비전, 코어밸류의 설정은 기업의 장기적인 성장과 발전을 위한 중요한 토대가 된다.

> **결론**
>
> 투자 유치를 위한 지속적인 도전
>
> 스타트업의 투자 유치 여정은 결코 쉬운 일이 아니며, 많은 도전과 실패를 동반한다. 그러나 Why가 명확하고, 이를 바탕으로 한 전략적 계획이 있다면, 투자 유치의 과정은 기업의 성장을 가속화하는 중요한 기회가 될 수 있다. 스타트업이 성공하기 위해서는 끊임없이 스스로의 가치를 증명하고, 투자자들에게 신뢰를 쌓아야 한다. 이는 기업의 미션, 비전, 코어밸류를 명확히 하고, 이를 팀과 투자자에게 효과적으로 전달하는 것에서 시작된다. 결국, 스타트업의 꿈을 이루기 위한 끊임없는 도전과 노력이 험난한 투자 유치의 여정을 성공으로 이끄는 열쇠가 될 것이다.

제 3장

SUCCESSFUL STARTUP

스타트업이 왜 투자를 받아야 하는가?

스타트업이 단순히 생존하는 것이 아니라, 장기적인 성장과 성공을 위해서는 투자 유치가 필수적이다. 의외로 예비창업패키지나 청년창업사관학교에 입교한 극초기 기업 중에는 투자의 필요성 자체에 의문을 제기하는 경우가 많다. 아래 사항들을 잘 읽어보고 왜 스타트업의 성공을 위해서 투자가 필수요소인지 가늠해 보기 바란다.

01) 사업 성공을 위한 안정적인 자금 조달

스타트업이 성공하기 위해서는 다양한 요소가 필요하지만, 그중에서도 자금 조달은 핵심적인 역할을 한다. 창업자가 스스로 모든 자금을 조달할 수 없는 경우가 대부분이므로, 안정적인 투자 유치를 통해 필요한 자금을 확보하는 것이 필수적이다. 특히, 초기 스타트업은 제품 개발, 운영 비용,

인력 채용 등에 상당한 자금이 필요하며, 이 과정에서 외부 투자를 받지 않으면 성장 속도가 느려질 수 있다. CB Insights의 연구에 따르면, 스타트업의 실패 원인 중 38%가 자금 부족으로 인해 발생한다고 한다. 이를 방지하기 위해서는 투자 유치를 통한 안정적인 자금 공급이 중요하다.

02) 계획적인 우량 자금 유치를 통한 사업 계획의 원활한 수행

스타트업이 단순한 생존이 아니라 지속적으로 성장하기 위해서는 체계적인 자금 관리가 필수적이다. 단순히 자금을 확보하는 것만으로는 충분하지 않으며, 계획적으로 우량 자금을 유치하여 효율적으로 운영할 수 있어야 한다.

예측 가능한 자금 확보
투자받은 자금으로 장기적인 사업 계획을 수립할 수 있으며, 자금 흐름이 일정하게 유지될 수 있다.

운영 리스크 최소화
자금 부족으로 인해 예상치 못한 구조조정이나 인력 감축을 피할 수 있다.

비즈니스 모델 개선
투자자의 피드백과 전략적 조언을 통해 사업 계획을 더욱 견고하게 다듬을 수 있다.

03) 점진적 성장이 아닌 폭발적 성장 실현

스타트업은 경쟁이 치열한 시장에서 빠르게 자리 잡아야 하며, 이를 위해서는 점진적 성장이 아니라 폭발적인 성장이 필요하다. 투자 유치를 통해 다음과 같은 성장을 이끌어낼 수 있다.

빠른 제품 개발 및 시장 출시
자금이 충분할 경우 제품 개발 속도를 높이고, 경쟁사보다 빠르게 시장에 진입할 수 있다.

공격적인 마케팅 및 브랜드 인지도 구축
초기 시장 점유율을 확보하기 위해서는 적극적인 마케팅이 필요하며, 이를 위한 투자금이 필수적이다.

대규모 고객 확보
네트워크 효과를 활용하여 빠르게 고객층을 넓히고 시장에서 우위를 점할 수 있다.

04) 우수한 인재 확보

기업의 성장은 결국 사람에 의해 좌우된다. 스타트업이 경쟁력을 갖추기 위해서는 뛰어난 인재를 확보해야 하며, 이를 위해서는 충분한 자금이 필요하다.

업계 최고의 인재 영입

우수한 개발자, 마케터, 경영진 등을 확보하기 위해서는 경쟁력 있는 보상과 근무 환경을 제공해야 한다.

기업 문화 구축 및 인재 유지

단순한 급여 외에도 복지, 교육, 성장 기회를 제공하는 것이 중요하다.

장기적인 조직 안정성 확보

재무적 안정성을 바탕으로 핵심 인재들이 지속적으로 일할 수 있는 환경을 조성할 수 있다.

05) 사업 검증 후 마케팅에 집중

제품과 서비스가 시장에서 일정 수준 이상이라고 검증되었다면, 다음으로는 본격적인 마케팅으로 사업 확장을 꾀해야 한다. 아무리 검증된 서비스라도 마케팅이 없다면 시장에서 성공하기 어렵다. 투자 유치를 통해 제품과 시장에 맞는 마케팅 전략을 실행해야 한다.

시장 점유율 확대

투자금이 있다면 적극적인 광고 및 프로모션을 통해 빠르게 고객을 확보할 수 있다.

브랜드 인지도 향상

초기 기업이 시장에서 신뢰를 얻기 위해서는 지속적인 브랜딩과 PR이 필요하다.

고객 피드백 기반 서비스 개선

마케팅을 통해 얻은 고객 데이터를 기반으로 제품을 개선하고, 지속적인 성장 동력을 확보할 수 있다.

06) 한국 시장에서 자리 잡은 후 글로벌 진출

한국 시장에서 어느 정도 자리를 잡은 스타트업이라면, 다음 목표는 글로벌 시장 진출이다. 하지만 글로벌 진출은 상당한 자금과 네트워크가 필요한 과정이므로, 투자 없이 도전하기란 쉽지 않다.

해외 시장 조사 및 현지화

각국의 소비자 성향과 법률을 고려하여 적절한 전략을 수립해야 한다.

국제 파트너십 구축

글로벌 시장에서 성공하기 위해서는 현지 기업 및 투자자들과 협력할 필요가 있다.

현지 마케팅 및 브랜딩

해외 고객을 대상으로 한 마케팅과 브랜드 인지도를 높이는 것이 중요하다.

07) 대외적인 회사 이미지 제고

스타트업의 성장뿐만 아니라, 대외적인 신뢰도 및 브랜드 이미지도 투자 유치를 통해 강화할 수 있다.

고객 신뢰 확보

자금력이 있는 스타트업은 안정적인 서비스를 제공할 수 있다는 인식을 심어주어 고객의 신뢰를 얻을 수 있다.

우수한 인재 유치

기업이 안정적이며 성장 가능성이 크다면, 유능한 인재들이 더 큰 관심을 가질 것이다.

잠재적 투자자 유치

한 번의 성공적인 투자 유치는 향후 추가적인 투자를 유치하는 데 긍정적인 영향을 미친다.

요약

1. 생존을 넘어 성장 동력을 갖춰야 한다

스타트업은 생존만을 목표로 해서는 장기적인 성공을 거두기 어렵다. 단순히 운영자금을 확보하는 것이 아니라, 빠르게 시장에서 자리 잡고 경쟁력을 강화하는 것이 핵심이다. 자금은 단순한 운영 수단이 아니라, 기업 성장을 가속화하는 필수 요소인 것이다.

투자를 통해 스타트업은 지속적으로 혁신할 수 있는 환경을 조성할 수 있다. 우버는 초기 투자 유치를 통해 글로벌 시장으로 확장하고, 차량 네트워크를 빠르게 확대할 수 있었다. 투자 유치가 없었다면 단순한 지역 기반 택시 앱으로 남았을 가능성이 크다.

2. 시장을 선점하기 위해서는 리소스가 필요하다.

경쟁이 치열한 시장에서 스타트업이 빠르게 자리 잡기 위해서는 충분한 리소스가 필요하다. 다음과 같은 이유에서 투자 유치는 필수적이다.

자금 부족 때문에 기회를 놓치지 않기 위해
충분한 자금을 확보하지 못하면 인프라 구축이나 고객 확보에 어려움을 겪을 수 있다.

우수한 인재를 영입하기 위해
좋은 인재 확보는 결국 자금력에서 비롯된 경쟁력과 직결된다. 투자 유치를 통해 충분한 급여와 복지를 제공할 수 있어야만 업계 최고의 인재를 영입할 수 있다.

인지도 및 브랜드를 강화하기 위해
스타트업이 초기 시장에서 인지도를 확보하기 위해서는 마케팅 비용이 필수다. 예를 들어, 에어비앤비는 투자 유치를 통해 공격적인 마케팅을 전개하여 글로벌 숙박 시장을 장악할 수 있었다.

3. 투자자를 '우군'으로 확보할 수 있다
단순히 자금을 조달하는 것이 아니라, 투자자는 스타트업의 성장에 있어 중요한 동반자다. 전략적 투자자는 자금 외에도 네트워크, 사업 기회, 업계 전문성을 제공할 수 있다.

> **벤처캐피털 및 액셀러레이터와의 협력**
>
> 와이 콤비네이터나 500 Startups와 같은 글로벌 액셀러레이터들은 자금 지원 외에도 멘토링과 시장 진출 전략까지 제공한다.
>
> **기업 투자(Corporate Venture Capital, CVC)의 역할**
>
> 예를 들어, 구글 벤처스(Google Ventures)는 전략적 투자 포트폴리오를 통해 스타트업들이 구글의 기술과 인프라를 활용할 수 있도록 지원한다.

투자자들은 단순한 재무적 지원을 넘어, 사업 검증, 고객 연결, 글로벌 확장 등 다양한 가치를 제공한다. 따라서 스타트업이 투자를 받는 것은 사업 성공의 확률을 극대화하는 전략적 선택이다.

스타트업의 성공적인 투자 유치 전략

투자 유치는 스타트업에게 있어 사업 성장을 위한 중요한 전환점이다. 그러나 투자 유치를 성공적으로 이루어내기 위해서는 여러 요소가 유기적으로 준비되어야 한다. '유스타 아카데미'의 세 번째 강의 자료인 'Successful Startup'에서는 스타트업이 투자 유치에 성공하기 위해 반드시 고려해야 할 주요 전략과 도전 과제들에 대해 설명하고 있다. 이를 바탕으로 투자 유치의 구체적인 전략을 더욱 깊이 있게 다뤄본다.

01) 투자 유치의 어려움과 시장의 불균형

많은 스타트업이 성공적인 투자 유치를 꿈꾸지만, 사실 이는 다음과 같은 몇 가지 이유로 매우 어려운 일이다.

첫째, 투자 시장에서는 수요가 공급을 초과하는 구조적 불균형이 존재한다. 특히 잘 나가는 소수의 스타트업은 투자자들의 관심을 많이 받는 반면, 대부분의 스타트업은 자금을 확보하는 데 어려움을 겪는다. 이로 인해 빈익빈 부익부 현상이 심화되고, 자금을 유치하기 위한 경쟁이 치열해진다.

둘째, 투자 유치 과정에서 창업자는 짧은 시간 내에 투자자에게 자신의 비전과 사업의 가치를 명확히 전달해야 한다. 투자자는 수많은 스타트업을 곧바로 평가해야 하므로, 창업자가 준비해 간 모든 내용을 깊이 이해하기 어렵다. 따라서 창업자에게는 제한된 시간 안에 강력한 메시지를 전달할 수 있는 피칭 역량이 반드시 있어야 한다.

셋째, 투자자들은 본능적으로 트렌드에 민감하며, 자신이 잘 아는 분야에 더 집중하려는 경향이 있다. 이는 업종별 선호도나 편견으로 이어져, 특정 산업에 속한 스타트업은 상대적으로 투자 유치가 어려워질 수 있다.

마지막으로, 실패에 관대하지 않은 문화 역시 스타트업의 투자 유치에 장애물이 될 수 있다. 실패를 용인하지 않는 분위기에서는 창업자가 실패를 두려워하게 되고, 이는 궁극적으로 혁신과 성장을 저해하는 요인이 된다.

02) 성공적인 투자 유치를 위한 준비

그렇다면 창업자가 효과적으로 투자자를 설득하기 위해서는 어떤 요소를 준비해야 할까?

IR 자료의 중요성

투자자들은 창업자가 준비한 IR 자료를 통해 사업의 가능성을 평가한다. IR 자료는 창업자가 사업에 대해 얼마나 심사숙고하고 준비했는지를 보여줄 수 있는 중요한 도구이다. IR 자료는 간결하면서도 시장 분석, 재무 계획, 팀의 역량 등 핵심적인 내용이 포함되어야 하며, 동시에 투자자의 관심도 끌 수 있어야 한다.

투자자 맞춤 전략

창업자는 무작정 많은 투자사에 접근하기보다는 자신과 맞는 투자사를 찾아야 한다. 각 투자사마다 자신만의 포트폴리오와 투자 철학을 가지고 있기 때문에, 스타트업은 자신의 사업과 비전이 투자사의 포트폴리오와 맞는지 사전에 조사하고, 그에 맞춘 전략을 세워야 한다. 예를 들어, 초기 단계의 스타트업이라면 시드 단계 투자를 전문으로 하는 투자사를 찾는 것이 유리하다.

트랙션과 시장 잠재력의 시각화

투자자들은 스타트업의 현재 성과와 미래 가능성을 보고 투자 결정을 내린다. 따라서 창업자는 자신의 비즈니스가 어느 정도의 트랙션(고객 유치, 매출 등)을 달성했는지, 또는 앞으로 얼마나 큰 시장 잠재력을 가지고 있는지를 명확히 제시해야 한다. 이러한 데이터를 시각화하여 투자자에게 직관적이고 임팩트 있게 전달하는 것이 중요하다.

03) 투자자가 원하는 것과 원하지 않는 것

투자자들은 창업자에게 원하는 것과 원하지 않는 것이 명확하다. 원하는 것은 다음과 같다.

명확한 비즈니스 모델과 시장 유효성

투자자는 스타트업이 해결하고자 하는 문제와 그 문제를 해결하는 방법이 명확한지 확인한다. 또한 진입하려는 시장이 충분히 크고 성장 가능성이 있는지를 평가한다. 창업자는 자신이 제공하는 솔루션이 시장에서 어떤 가치를 창출할 수 있는지를 설득력 있게 설명해야 한다.

창업자의 태도와 역량

투자자는 창업자의 성실성, 리더십과 문제 해결 능력, 팀을 이끄는 역량을 중점적으로 평가한다. 또한 창업자가 실패를 통해 배우고 성장할 수 있는 자세를 가지고 있는지, 그리고 부족한 점을 보완하기 위해 어떤 계획을 가지고 있는지를 평가한다.

반면, 투자자가 절대로 원하지 않는 것은 다음과 같다.

장기적인 계획 없이 자금만 요구하는 경우

창업자가 장기적인 전략 없이 자금만 요구할 경우, 이는 투자자에게 큰 불신을 줄 수 있다. 투자자는 자본이 기업 성장의 촉매제가 되기를 원하며, 창업자가 이 자금을 어떻게 활용하여 성장을 이끌어낼 것인지 알고 싶어 한다.

투자 후 창업자의 태도 변화

투자자들은 투자가 유치되자 창업자가 갑자기 태도를 바꾸거나, 투자자를 단순히 자금 제공자로 여기는 상황을 제일 꺼려한다. 창업자는 투자자와의 신뢰를 바탕으로 장기적인 파트너십을 유지해야 하며, 이를 위해 적극적인 의사소통과 협력이 필요하다.

04) 성공적인 피칭을 위한 핵심 요소

투자 유치의 성패를 좌우하는 피칭. 성공적인 피칭을 위해서 창업자가 고려해야 할 핵심 요소는 다음과 같다.

30초 내 투자자의 주목 끌기

피칭의 초반부는 투자자의 관심을 사로잡는 데 매우 중요하다. 따라서 첫 30초 안에 사업의 본질과 투자 매력, 그리고 투자자가 왜 이 사업에 관심을 가져야 하는지를 설명해야 한다.

제품의 차별점 강조

시장에는 수많은 경쟁자가 존재한다. 창업자는 자신의 제품이 다른 경쟁 제품들과 비교해 어떤 차별점을 가지고 있는지 명확히 설명해야 한다. 기술적 우위, 비용 절감, 사용자 경험의 차별성 등 다양한 측면의 차별점이 나타나야 한다.

명확한 자금 사용 계획 제시

투자자들은 자금이 어떻게 사용될지에 대해 명확히 알고 싶어한다. 따라서 자금을 유치한 후 그 자금을 어떤 용도로 사용할 것인지에 대해 구체적인 계획을 제시해야 한다. 예를 들어, 마케팅에 사용할 것인지, 제품 개발에 투자할 것인지 등을 구체적으로 설명할 수 있어야 한다.

05) 초기 투자자와 네트워킹의 중요성

초기 단계에서 투자자는 단순히 자금을 제공하는 역할을 넘어, 스타트업의 성장에 중요한 네트워킹과 조언을 제공한다. 특히, 초기 단계의 스타트업에게는 추후 사업의 규모를 키우고, 후속 투자를 유치하기 위해서라도 자금보다 네트워크가 더 중요할 수 있다. 초기 투자자의 인사이트와 네트워크는 스타트업 성장의 핵심 동력이 된다. 창업자는 이러한 네트워크를 최대한 활용하여 후속 투자 기회를 마련하고, 사업을 더욱 확장할 수 있는 발판을 마련해야 한다. 따라서 첫 기관 투자자의 선택은 스타트업 성공의 기반이 된다.

결론

투자 유치를 위한 전략적 접근

스타트업의 투자 유치는 사업의 성장을 가속화하는 중요한 기회이다. 이를 위해 창업자는 투자자가 진정으로 원하는 것이 무엇인지 명확히 이해하고, 투자자의 기대에 부응할 수 있는 준비와 전략을 명확히 수립해야 한다. 또한, 성공적인 투자 유치를 위해서는 명확한 미션과 비전을 설정하고, 이를 바탕으로 한 피칭과 IR 자료 준비, 그리고 투자자와의 신뢰 관계 구축이 필수적이다. 결국, 성공적인 투자 유치는 철저한 준비와 전략적 접근, 그리고 끊임없는 도전을 통해 이루어질 수 있다.

제 4장

INVESTOR'S POINT OF VIEW

투자 유치는 스타트업에게 있어 사업 성장의 중요한 전환점이 된다. 그러나 투자 유치를 성공적으로 이루어내기 위해서는 여러 가지 복합적인 요소들이 잘 준비되어야 한다.

이번 장에서는 투자자가 어떤 관점에서 스타트업을 평가하고, 어떻게 투자 결정을 내리는지에 대해 설명하고 이를 바탕으로 투자 유치의 구체적인 전략을 다뤄본다.

투자 유치의 어려움과 투자자 관점에서의 도전 요소

스타트업의 투자 유치는 많은 창업자들이 꿈꾸는 목표이지만 현실적으로는 매우 어려운 과정이다. 투자 유치가 어려운 이유는 몇 가지로 요약할 수 있다.

첫째, 벤처캐피털의 목표는 극소수의 투자 성공 사례를 찾아내는 것이다. 매년 수천 개의 스타트업 중 오직 일부만이 투자 유치에 성공하며, 그중에서도 실질적인 성과를 내며 성공적인 회수를 이룬 기업은 극히 소수다. 이처럼 성공 확률이 낮기 때문에 투자자들은 신중한 접근을 취하게 된다.

둘째, 투자자들은 창업자의 리더십과 커뮤니케이션 능력을 매우 중요하게 평가한다. 초기 피칭에서 투자자들이 가장 먼저 평가하는 것은 창업자가 진정한 리더인지, 팀을 이끌고 효과적인 의사결정을 내릴 수 있는지를 평가한다. 창립자가 왜 이 제품이나 서비스를 만들기로 했는지에 대한 명확한 대답을 가지고 있는지도 중요하다. 이는 창업자가 가진 비전과 열정을 이해하는 데 중요한 요소가 된다.

셋째, 투자자들은 스타트업의 여러 리스크 요소를 면밀히 살펴본다.

지나치게 많은 초기 멤버, 높은 간접비 비율, 모호한 용어 사용, 겸업 중인 창업자 등은 투자자들에게 적신호로 작용할 수 있다. 이는 창업자의 집중력 부족이나 사업 성공 가능성에 대한 의구심을 유발할 수 있으므로, 사전에 철저히 점검하고 개선해야 한다.

성공적인 투자 유치를 위한 투자자 관점의 준비

성공적인 투자 유치를 위해서는 투자자의 관점에서 철저한 준비가 필요하다. 창업자가 투자자를 설득하기 위해서는 다음과 같은 요소들을 준비해야 한다.

벤처캐피털의 투자 특징 이해

벤처캐피털은 수많은 스타트업 중에서도 극소수의 성공 사례를 찾는 사업이다. 매년 수천 개의 스타트업 중 오직 약 200개 사가 투자를 받고, 그중에서도 약 10~15%만이 성공적으로 투자금을 반환할 수 있다. 따라서 창업자는 자신의 스타트업이 왜 투자 대상이 될 수 있는지를 명확히 설명해야 한다.

투자자와의 효과적인 소통

투자자를 설득하기 위해서는 창업자와 투자자가 효과적이고 효율적으로 소통하는 법을 익혀야 한다. 비즈니스 모델 설명을 넘어, 투자자가 가진 우려나 질문에 대해 명확하고 진정성 있게 대답할 수 있어야 한다. 창업자가 효과적인 커뮤니케이션 능력을 갖추고 있는지, 그리고 피칭과 Q&A 과정에서 투자자의 신뢰를 얻을 수 있는지가 핵심 평가 기준이 된다.

적신호 요소 제거

투자자들이 피하고자 하는 적신호 요소들을 사전에 파악하고 이를 제거하는 것이 중요하다. 예를 들어, 지나치게 많은 초기 구성원이나 높은 간접비 비중, 겸업하는 창업자 등의 요소가 있다면 투자자들은 경계하게 된다. 이러한 부분들을 개선하고, 투자자들에게 사업의 안정성과 집중력을 보여주는 것이 필요하다.

'양파 껍질 이론'을 통한 단계적 리스크 제거

투자 유치는 단순히 자금을 확보하는 것이 아니라, 각 단계에서 사업의 리스크를 제거해 나가는 과정이다. 양파 껍질을 한 꺼풀씩 까는 것에 비유하여 양파 껍질 이론(Onion Theory)이라고 부르기도 한다. 예를 들어, 시드 투자에서는 조직구성과 제품 개발 리스크를 해결하고, A 라운드에서는 기술적 리스크와 신규 직원 채용 리스크를 완충하는 식이다. 이러한 방식으로 단계마다 주요 리스크를 점진적으로 제거해 나가며 사업을 성장시킬 수 있다.

투자 유치 시 피해야 할 실수

투자 유치 과정에서 창업자들이 흔히 저지르는 몇 가지 실수가 있다. 예를 들어, 불명확한 피치덱 작성, 과도한 기대 유발, 신뢰를 저해하는 무리한 약속 등이 대표적이다. 또한, 투자 라운드가 완료되기 전에 지나치게 시간을 끌거나, 이미 제안을 받았는데 그 후에 거래 조건을 변경하는 것도 투자자에게 부정적인 인상을 줄 수 있다. 투자자가 생각하는 스타트업의 적신호(red flags)에 대해서는 다음 페이지부터 설명하겠다.

투자자가 생각하는 스타트업의 적신호

스타트업에 투자하는 투자자들은 단순히 아이디어의 혁신성이나 성장 가능성만으로 움직이지 않는다. 대부분 그들은 투자를 결정하기 전에 스타트업의 리스크 요인을 면밀히 분석한다. 그들이 경계하는 대표적인 적신호를 유명 리포트와 사례를 바탕으로 분석해 본다.

01) 지나치게 많은 초기 구성원

문제점

- 초기 스타트업이 지나치게 많은 공동 창업자를 두면 의사결정이 지연될 가능성이 크다.
- 책임 소재가 불분명해지며, 내부 갈등이 발생하기 쉽다.
- 스톡옵션 및 지분 구조의 복잡성이 향후 투자 유치에 부정적 영향을 미칠 수 있다.
- 하버드 비즈니스 리뷰(HBR) 연구에 따르면, 공동 창업자가 3명 이상일 때 내분으로 인해 실패할 확률이 2배 이상 증가한다고 한다.

사례

- 페이스북 사례: 마크 저커버그는 초기에 여러 공동 창업자가 있었으나, 결국 몇몇을 정리하고 핵심 인력만 남기는 선택을 했다.

02) 지나치게 높은 간접비 비중

문제점

- 스타트업은 초기 단계에서 극단적으로 효율적인 운영이 필요하다.
- 과도한 임대료, 비효율적 사무실 운영비, 불필요한 고정비는 초기 자금을 빠르게 소진할 수 있다.
- 투자자들은 자금을 어떻게 활용하는지에 대해 민감하게 평가한다.

사례

- 위워크(WeWork): 성장보다 사무실 확장과 고급 인테리어에 자금을 낭비하면서 결국 붕괴했다.
- 린 스타트업(Lean Startup) 개념: 에릭 리스는 불필요한 비용을 절감하고 신속하게 시장 반응을 검증하는 것이 중요하다고 강조했다.

03) Buzzword 남용(유행어 및 전문용어 남발)

문제점

- 의미가 불분명한 기술 용어(Buzzword)로 가득 찬 피칭은 투자자의 신뢰를 잃는다.
- 실질적 성과 없이 AI, 블록체인, 메타버스 같은 기술 용어만 반복하면 오히려 역효과를 낳는다.

사례

- 테라노스(Theranos) 스캔들: 엘리자베스 홈즈는 "혁신적인 혈액

검사"라는 모호한 기술 용어로 투자자를 현혹했지만, 실제로는 관련한 기술을 보유하고 있지 않았다.
- 앤드리슨 호로위츠(Andreessen Horowitz) 벤처캐피털 분석: 명확한 사업 모델이 없는 기업은 결국 투자 유치에서 탈락한다고 지적했다.

04) 겸업하는 창업자

문제점

- 창업자는 스타트업에 반드시 전념해야 하며, 겸업은 헌신 부족으로 인식되어 투자자에게 부정적인 신호로 작용한다. 겸업하는 창업자는 겸업으로 인해 시간과 자원을 한 곳에 쏟지 못하게 되고, 본업과 스타트업 모두 기대만큼 성장시키지 못하는 경우가 대부분이다.
- 투자자들은 창업자가 사업에 올인하지 않으면, 장기적인 성공 가능성을 낮게 본다.

사례

- 일론 머스크: 테슬라와 스페이스X를 동시에 운영하면서도, 각각의 기업에 대한 집중도가 높아 신뢰를 얻었다.

05) 다른 수입원이 없는 창업자

문제점

- 스타트업 실패 시 창업자의 생계가 위협받을 수 있어, 사업 운영에 리스크로 작용할 수 있다.
- 개인의 재정적 압박이 커지면 스타트업 운영에 부정적인 영향을 줄 수 있다.

사례

- 실리콘밸리 벤처캐피털의 조언: 투자자들은 창업자가 최소한의 경제적 안전망을 가지고 있는지 확인하려 한다.
- 스타트업 생존율: 창업자가 일정 기간 생존할 수 있는 개인 자금을 보유한 기업이 장기적으로 성공할 확률이 높다.

06) 신용등급이 낮은 창업자

문제점

- 개인 신용이 낮다는 것은 재정적 신뢰도가 낮음을 의미하며, 이는 스타트업 운영에도 영향을 미칠 수 있다.
- 특히 초기 단계에서 대출이나 자금 조달이 어려워질 가능성이 있다.

사례

- 벤처캐피털은 개인 신용도를 창업자의 자금 운용 및 리스크 관리 능력의 간접 지표로 본다. 신용등급이 낮으면 부정적 인식을 받을 수 있다.

- 반면, 마크 큐반과 같은 창업자들은 초기에는 재정적으로 어려움을 겪었지만, 훌륭한 사업 모델을 통해 성공을 이끌어냈다.

07) 허술한 마케팅 계획 및 유료 광고에만 의존

문제점

- 지속적인 성장을 위해서는 유료 광고 외에도 자생적인 고객 유입 전략이 필수적이다.
- 효과적인 고객 확보 전략이 없으면 장기적으로 성장이 어렵다.

사례

- 클럽하우스(Clubhouse): 초기 이슈몰이 이후 유지 전략이 부재하면 성장세가 급격히 둔화될 수 있다.
- 드롭박스: 유료 광고가 아닌 추천 시스템을 활용하여 바이럴 마케팅 전략을 세웠고, 이는 자연스럽게 서비스가 확산되는 계기가 되었다.

08) 투자자들의 후속 투자 부재 및 창업자의 자기 자금 미투자

문제점

- 초기 투자자들이 후속 투자를 하지 않는 것은 신뢰도 문제를 의미할 수 있다.
- 창업자가 자금 투입을 꺼릴 경우, 투자자 입장에서는 창업자의 확신 부족으로 해석될 수 있다.

사례

- 에어비앤비: 초기 자금이 부족했으나, 공동 창업자들이 직접 자금을 마련해 운영을 지속했다.
- 스타트업 연구: 창업자의 자기 자본 투자 여부가 기업 성장 가능성의 중요한 지표 중 하나다.

결론

투자 유치를 위해서는
전략적 접근과 지속적인 개선이 필요하다.

스타트업의 투자 유치는 단순한 자금 확보가 아니라, 사업의 성장을 가속화하는 중요한 기회이다. 이를 위해 창업자는 투자자가 원하는 것이 무엇인지 명확히 이해하고, 투자자의 기대에 부응할 수 있는 준비와 전략을 갖추어야 한다. 또한, 투자자의 관점에서 리스크를 사전에 식별하고 단계적으로 해소하는 전략적 접근이 필요하다. 최적의 투자자를 파악하고 신뢰 관계를 구축하며, 불필요한 실수를 피하는 것이 성공적인 투자 유치의 핵심이다. 이러한 전략적 접근과 지속적인 개선을 통해 스타트업은 더 큰 성장을 이룰 수 있을 것이다.

제 5장

INVESTMENT PROCESS

투자 유치는 스타트업에게 있어 사업 성장의 중요한 전환점이 된다. 그러나 투자 유치를 성공적으로 실현하려면 다양한 요소들이 유기적으로 준비되어야 한다. 이번 장에서는 투자 프로세스와 관련된 주요 개념 및 주의사항을 바탕으로 투자 유치의 구체적인 전략을 다뤄본다.

적절한 투자 금액과 지분 설정

　스타트업의 투자 유치 과정에서 중요한 요소 중 하나는 적절한 투자 금액과 지분의 설정이다. 투자 금액은 딱 적당해 보이는 만큼만 받아야 한다. 과도한 자금은 오히려 스타트업에 부담이 될 수 있으며, 투자자에게 지나치게 많은 지분을 제공할 경우 창업자가 경영권을 잃을 위험이 있다.
　투자금은 기업 성장의 핵심 동력이지만, 과도한 투자금 수령이나 불합리한 지분 분배는 창업자의 경영권 유지와 기업의 장기적 성장에 오히려 악영향을 줄 수 있다. 따라서 스타트업은 각 단계에서 현명한 자금 유치 전략을 수립해야 한다.

　엔젤 투자 단계에서는 일반적으로 투자자에게 10~15% 정도의 지분만 제공하는 것이 바람직하다. 만약 이보다 훨씬 많은, 40% 수준의 지분을 투자자에게 넘기게 되면, 이후 라운드에서의 추가 투자 유치가 어려워질 수 있다. 이는 창업자의 경영권 유지뿐만 아니라, 팀원들의 동기 부여에도 부정적인 영향을 미친다. 따라서 스타트업은 초기 단계에서부터 지분 구조를 전략적으로 설계함으로써, 장기적인 성장 기반을 마련해야 한다.

01) 왜 적절한 투자 금액이 중요한가?

스타트업이 투자금을 유치할 때 "많을수록 좋다"는 인식은 오히려 위험할 수 있다. 과도한 투자금은 오히려 스타트업의 효율성을 저해하고, 불필요한 자금 사용을 유도하는 부작용을 초래할 수 있다.

사례

- 위워크: 소프트뱅크 비전 펀드(SoftBank Vision Fund)로부터 100억 달러 이상을 투자받았으나, 비효율적인 운영과 과도한 지출로 인해 결국 IPO 실패와 경영 위기로 이어졌다.
- 하버드 비즈니스 리뷰 연구: HBR은 과도한 초기 자금이 스타트업에 재무적 부담을 주고, 창업자의 독립성을 제한할 수 있다고 분석했다. 반면, 점진적으로 자금을 확보한 스타트업은 운영 효율성을 유지하며 성장 가능성이 높았다.

체크포인트

- 현재 운영 및 확장에 필요한 최소한의 자금은 얼마인가?
- 투자금을 어떻게 활용할 것인지에 대한 구체적인 로드맵이 있는가?
- 향후 추가 라운드에서 투자 유치가 원활하게 진행될 수 있는 구조인가?

02) 적절한 지분 설정의 중요성

투자금을 확보하는 과정에서 지분을 과도하게 희석하면 창업자의 경영권 유지가 어려워질 수 있다. 엔젤 투자 단계에서는 지분 10~15% 이내로 제한하는 것이 일반적이며, 시리즈 A~C 단계에서도 신중한 접근이 필요하다.

사례

- 구글의 지분 전략: 구글은 초기 투자 라운드에서 신중한 지분 관리 전략을 펼쳤다. 공동 창업자 래리 페이지와 세르게이 브린은 기업의 장기적인 비전을 지키기 위해 의결권이 높은 주식을 발행하여, 외부 투자자들에게 지분을 과도하게 넘기지 않으면서도 자금을 확보하는 데 성공했다.
- CB Insights 보고서: 스타트업이 초기 투자에서 40% 이상의 지분을 희석하면, 후속 투자 라운드에서 추가적인 투자 유치가 어려워질 가능성이 높다는 분석이 나왔다. 이는 창업자뿐만 아니라 핵심 인재들의 동기 부여에도 부정적인 영향을 미칠 수 있다.

체크포인트

- 엔젤 투자 단계에서 10~15% 이상의 지분을 희석하지 않도록 주의해야 한다.
- 시리즈 A 이후 단계에서도 지분 구조를 유지하며 장기적인 경영권 확보 전략을 마련해야 한다.

- 창업자와 핵심 멤버의 지분 보유율을 고려해 팀의 동기 부여를 유지할 수 있는 구조를 설계해야 한다.

03) 투자 단계별 적절한 지분 희석 가이드라인

스타트업은 각 투자 단계에서 최적의 자금 조달 전략을 수립해야 한다. 아래는 일반적인 투자 단계별 지분 희석 가이드라인이다.

투자 단계	일반적인 지분 희석 비율	주요 목적
시드(Seed)	10~15%	제품 개발 및 초기 시장 테스트
시리즈 A	15~25%	시장 확대 및 조직 확장
시리즈 B	15~20%	글로벌 확장 및 매출 성장
시리즈 C	10~15%	IPO 준비 및 대규모 시장 점유

핵심 포인트

- 지분 희석을 최소화하면서도 성장할 수 있는 자금 확보 전략이 필요하다.
- 투자자와 협상할 때, 기업 가치와 향후 성장 가능성을 적극적으로 어필해야 한다.

04) 투자자와의 협상 전략

성공적인 투자 유치를 위해서는 투자자와의 협상을 통해 스타트업이 유리한 조건을 확보하는 것이 중요하다.

사례

스냅챗(Snapchat)은 초기 투자에서 많은 지분을 희석하지 않고도 전략적 투자자와 협력하여 성장 자금을 확보했다. 이는 창업자의 경영권을 유지하면서도 시장 확장을 위한 자금을 확보하는 모범 사례로 평가된다.

투자 협상 시 고려해야 할 요소

- 기업 가치 평가(Valuation): 지나치게 낮은 기업 가치로 투자받으면 후속 라운드에서 불리해질 수 있다.
- 투자 조건(Terms): 투자자에게 제공하는 조건이 불합리하지 않은지 면밀히 검토해야 한다.
- 보드 멤버 구성(Board Seats): 투자자의 영향력이 과도해지지 않도록 조율해야 한다.

결론

<u>현명한 투자금 유치와 지분 관리가
스타트업의 성패를 결정한다.</u>

스타트업이 투자 유치를 성공적으로 이끌기 위해서는 장기적인 성장 전략을 고려한 투자금 및 지분 관리가 필수적이다.

핵심 요약

1. 과도한 투자금은 오히려 스타트업의 운영에 부담이 될 수 있다.
2. 지분 희석을 최소화하는 전략을 세워 창업자의 경영권을 유지해야 한다.
3. 각 투자 단계에서 적절한 지분 분배를 계획해야 한다.
4. 투자자와의 협상을 통해 유리한 조건을 확보해야 한다.

현명한 투자 전략과 균형 잡힌 지분 설정은 스타트업의 성장을 견인하고, 투자자와의 신뢰를 공고히 할 수 있다.

스타트업이 피해야 할 투자자

투자자라면 누구나 좋은 파트너가 될 것이라는 생각은 큰 오산이다. 잘못된 투자자를 만나면 자금뿐만 아니라 기업의 방향성, 창업자의 경영권까지 위협받을 수 있다. 창업자는 단순한 자금 조달이 아니라 전략적이고 신뢰할 수 있는 투자자를 선별하는 능력을 갖춰야 한다.

이 장에서는 스타트업이 피해야 할 투자자의 유형과 유명 사례를 바탕으로 실질적인 인사이트를 제공한다.

01) 산업 전문성이 부족한 투자자

문제점

- 투자하려는 스타트업의 산업에 대한 이해도가 부족하면 올바른 조언을 제공할 수 없다.
- 단기적인 수익만을 기대하며 스타트업 운영에 개입할 가능성이 높다.

사례

소프트뱅크는 위워크에 수십억 달러를 투자했지만, 공유 오피스 사업에 대한 깊은 이해 없이 무리한 확장을 시도했다. 결국, 이 전략은 실패로 돌아갔다.

체크포인트
- 투자자가 스타트업의 시장과 기술을 이해하고 있는가?
- 과거에 유사한 산업에 투자한 경험이 있는가?

02) 사업 발전에 실질적인 도움을 주지 못하는 투자자

문제점
- 단순히 돈을 제공하지만, 네트워크, 경영 전략, 시장 확장 등의 실질적인 지원이 없다.
- 창업자가 중요한 의사결정을 할 때 도와줄 능력이나 의지가 부족하다.

사례

테라노스는 유명 인사들로부터 막대한 투자를 유치했지만, 이들 대부분은 헬스케어 분야에 대한 이해가 부족했다. 그 결과, 투자자들은 검증과 내부 통제에 실패하며 거대한 사기 스캔들로 이어졌다.

체크포인트
- 투자자가 단순한 자금 지원 외에 어떤 가치를 제공할 수 있는가?
- 업계에서 중요한 네트워크를 가지고 있는가?

03) 시리즈 A 이후의 성장 방향성을 제시하지 못하는 투자자

문제점

- 초기 투자 이후, 시리즈 A, B, C 등 후속 투자 단계에서 전략적 방향성을 제공하지 못한다.
- 기업이 성장하면서 발생하는 주요 문제(스케일업, 인재 영입, 글로벌 확장)에 대한 조언이 부족하다.

사례

스냅챗의 초기 투자자들은 시리즈 A 이후에도 성장 전략을 지속적으로 제시하며, 장기적인 관점에서 기업이 나아갈 방향을 명확히 잡았다. 반면, 방향성을 제시하지 못한 스타트업들은 흔들리는 경영으로 인해 실패하는 경우가 많다.

체크포인트

- 투자자가 후속 라운드에서도 스타트업을 지원할 준비가 되어 있는가?
- 시리즈 A 이후의 장기적인 성장 계획을 함께 논의할 수 있는가?

04) 단순히 돈만 벌려는 탐욕적인 투자자

문제점

- 기업의 장기적 성장보다 단기적인 수익 창출에만 집중한다.
- 창업자의 비전보다 자신의 이익을 우선시하며, 창업자의 의사결정을 지나치게 간섭한다.

사례

우버의 일부 초기 투자자들은 단기적인 수익 실현을 위해 트래비스 캘러닉의 경영 방식을 강하게 비판했고, 이는 결국 창업자 캘러닉을 축출하는 결과를 초래했다.

체크포인트

- 투자자의 핵심 관심사가 스타트업의 장기적인 성장에 맞춰져 있는가?
- 투자자가 창업자의 비전에 공감하는가?

05) 비양심적이거나 인수 의도를 숨기는 투자자

문제점

- 창업자의 성장 가능성을 저해하고, 기업을 헐값에 인수하려는 의도를 가질 가능성이 있다.
- 계약서를 꼼꼼히 검토하지 않으면, 창업자의 지분을 불리한 조건으로 희석시킬 위험이 있다.

사례

크라우드펀딩을 통해 스타트업의 지분을 확보한 뒤, 스타트업의 성장 가능성을 방해하고 낮은 가격에 기업을 인수하려는 시도를 하는 일부 투자자의 사례가 보고되고 있다.

체크포인트

- 투자자의 의도가 투명한가?
- 계약 조건이 창업자에게 불리하게 설계되어 있지 않은가?

결론

신중한 투자자 선별이
스타트업의 성공을 좌우한다.

투자자는 스타트업 성장의 중요한 동반자이지만, 모든 투자자가 긍정적인 영향을 미치는 것은 아니다. 창업자는 장기적인 성장을 함께 도모할 수 있는 올바른 투자자를 신중히 선별해야 한다.

핵심 요약

1. 산업 전문성이 부족한 투자자는 피해야 한다.
2. 실질적인 도움을 주지 않는 투자자는 스타트업 성장에 악영향을 미친다.
3. 시리즈 A 이후의 성장 방향성을 제시하지 못하는 투자자는 장기적인 성장에 한계를 초래한다.
4. 단기적인 수익만을 추구하는 탐욕적인 투자자는 창업자의 비전을 위협할 수 있다.
5. 비양심적이거나 인수 의도를 숨기는 투자자는 계약 조건을 꼼꼼히 검토해야 한다.

현명한 투자 전략과 균형 잡힌 지분 설계는 스타트업의 성장을 가속화하고, 투자자와의 신뢰 구축에 핵심적인 역할을 한다.

유망 투자자의 특징과 선별 방법

스타트업이 성공적인 투자 유치를 이루기 위해서는 기업 성장에 실질적인 도움이 되는 유망한 투자자를 선별하는 것이 중요하다. 유망한 투자자는 스타트업이 나아가야 할 방향성을 함께 고민하고, 전략적으로 가치를 더할 수 있는 동반자 역할을 한다. 다음으로 유망한 투자자의 특징과 이를 선별하는 방법을 설명한다.

01) 유망한 투자자의 핵심 특징

① 스타트업이 활약하는 부문에 대한 관심이 많다

왜 중요한가?

투자자는 단순한 재무적 지원자가 아니라, 스타트업이 속한 산업을 깊이 이해하고 있어야 한다. 관심이 많은 투자자는 더 나은 조언과 네트워크를 제공하며, 시장의 흐름을 파악하는 능력을 가지고 있기 때문이다.

사례

세쿼이아 캐피털(Sequoia Capital): 세쿼이아 캐피털은 특정 산업에 대한 깊은 연구를 바탕으로 투자 결정을 내린다. 예를 들어, AI 및 SaaS 기업에 대한 지속적인 연구를 통해 구글, 애플, 드롭박스와 같은 기업에 선제적으로 투자했다.

체크포인트

- 투자자가 해당 산업에서의 경험이 있는가?
- 유사한 기업에 투자한 경험이 있는가?

② 스타트업의 시급한 자금 수요에 보탬이 될 만한 자금이 있다

왜 중요한가?

스타트업은 특히 초기 단계에서 운영 자금이 부족할 가능성이 높으며, 적시에 투자금을 확보하지 못하면 성장 정체 또는 사업 실패로 이어질 수 있다. 따라서 투자자는 스타트업의 자금 흐름을 이해하고 시의적절한 때에 자금을 지원할 수 있어야 한다.

사례

앤드리슨 호로위츠(Andreessen Horowitz): 이 벤처캐피털 회사는 투자기업들의 성장 단계에 따라 적절한 시기에 추가적인 지원을 아끼지 않는다. 이는 초기 스타트업들이 자금 부족으로 어려움을 겪지 않도록 돕는 전략이다.

체크포인트

- 투자자의 자금력이 충분한가?
- 후속 투자 유치 가능성이 높은가?

③ 창업자의 피치를 귀 기울여 듣는다

왜 중요한가?

스타트업의 가치는 단순히 수치로 측정되는 것이 아니라, 창업자의 비전과 추진력에서 비롯된다. 유망한 투자자는 창업자의 아이디어를 존중하고, 이를 발전시킬 수 있는 방향을 제시한다.

사례

피터 틸(Peter Thiel): 페이팔 공동 창업자이자 유명 투자자인 피터 틸은 초기 단계 스타트업 창업자들의 이야기를 듣고, 단기 수익성보다 창업자의 철학과 실행 의지를 우선시한다. 그는 마크 저커버그의 비전에 집중하여 초기 페이스북에 투자 결정을 내렸다.

체크포인트

- 투자자가 창업자의 이야기에 진지하게 귀를 기울이는가?
- 사업 모델뿐만 아니라, 창업자의 비전에 대한 관심을 보이는가?

④ 의지할 수 있고 믿을 만한 사람이라는 평판이 있다

왜 중요한가?

투자자는 단순히 자금을 지원하는 역할을 넘어, 스타트업의 성장 과정에서 중요한 의사결정에 관여할 수 있다. 따라서 신뢰할 수 있는 투자자를 선택하는 것이 매우 중요하다.

사례

소프트뱅크 비전 펀드(SoftBank Vision Fund): 소프트뱅크는 다양한 스타트업에 대규모 투자를 진행하면서도, 많은 창업자들에게 장기적으로 신뢰받는 투자자로 평가받고 있다. 그러나 위워크 사례에서 보듯이, 투자자가 기업 경영에 과도하게 개입할 경우 문제가 발생할 수도 있다.

체크포인트

- 해당 투자자의 평판이 긍정적인가?
- 포트폴리오 기업들이 투자자와 좋은 관계를 유지하고 있는가?

⑤ 기업가 정신을 이해하고 있고 사업 감각이 뛰어나다

왜 중요한가?

스타트업에게는 함께 성장할 수 있는, 기업가 정신을 갖춘 투자자가 필요하다. 이는 급변하는 스타트업 환경에서 적절한 방향성과 실행 조언을 제공받는 데 큰 도움이 된다.

사례

일론 머스크: 일론 머스크는 혁신적인 기업가로서 여러 산업에서 창업가들을 돕고 있다. 그의 기업가 정신은 스타트업들이 장기적인 성장 전략을 세우는 데 도움을 준다.

체크포인트
- 투자자가 기업가 정신을 이해하고 있는가?
- 스타트업 운영 과정에서 실질적인 조언을 제공할 수 있는가?

02) 유망한 투자자 선별 방법

- 네트워크 리서치: 기존 투자 포트폴리오를 분석하고, 관련 기업들의 피드백을 확인한다.
- 미팅 진행: 투자자의 태도와 관심도를 직접 확인하는 것이 중요하다.
- 투자자의 과거 성과 분석: 투자한 스타트업들의 성장 및 성공률을 평가한다.
- 계약서 검토: 투자 조건이 스타트업의 장기적인 성장에 부합하는지 확인한다.

결론

유망한 투자자는
단순히 자금을 제공하는 존재가 아니라,
스타트업과 함께 성장하는 전략적 동반자다.

스타트업 창업자는 투자 유치 자체보다, 어떤 투자자가 기업의 비전과 전략에 가장 잘 맞는지 선별하는 것이 더 중요하다.

핵심 요약

1. 유망한 투자자는 산업에 대한 깊은 관심과 지식을 갖추고 있어야 한다.
2. 스타트업의 시급한 자금 수요를 적시에 지원할 수 있어야 한다.
3. 창업자의 피치를 진지하게 경청하며, 비전을 존중해야 한다.
4. 신뢰할 수 있는 평판을 가지고 있으며, 장기적인 관계를 유지할 수 있어야 한다.

5. 기업가 정신을 이해하고 있으며, 실질적인 사업 감각이 뛰어나야 한다.

성공적인 투자 유치를 위해서는 단순히 투자금을 제공하는 사람을 찾는 것이 아니라, 스타트업과 함께 성장할 수 있는 투자자를 선별하는 과정이 필요하다.

투자자와의 신뢰 구축을 위한 질문

잠재적인 투자자와의 신뢰를 구축하기 위해서는 투자자에게 올바른 질문을 던질 줄 알아야 한다. 예를 들어, "우리 회사에 어떤 전문지식을 더해줄 수 있을까?", "누구에게 나를 소개하고 연결해 줄 수 있는가?"와 같은 질문으로는 투자자의 역량과 네트워크를 파악할 수 있다.

또한, 투자자의 자금력과 성공을 함께 나누려는 자세, 그리고 창업자와의 가치관 공유 여부 등을 확인함으로써 투자자가 진정한 파트너로서 적합한지 평가할 수 있다. 이러한 질문들은 투자 유치 과정에서 창업자가 투자자의 의도를 명확히 이해하고, 서로 신뢰를 구축하는 데 중요한 역할을 한다.

특히 스타트업이 투자 유치를 고려할 때, 투자자의 단순한 자금 제공 능력만 보는 것은 위험한 접근이다. 투자자가 가진 네트워크, 전문성, 장기적인 비전까지도 고려해야 한다. 이에 따라, 스타트업 창업자는 잠재적인 투자자에게 다음과 같은 6가지 핵심 질문을 던지고 그에 대한 답을 철저히 분석해야 한다.

01) 우리 회사에 어떤 전문지식을 더해줄 수 있을까?

왜 중요한가?

투자는 단순한 자금 조달이 아니라, 기업 성장에 필요한 멘토링과 산업 내 인사이트를 제공할 수 있는지 여부가 중요하다. 뛰어난 투자자는 단순한 재무적 지원이 아니라, 전략적 방향성을 제시하는 파트너가 되어야 한다.

사례

- 앤드리슨 호로위츠는 단순한 투자사가 아니라, 스타트업이 기술 및 시장 전략을 최적화할 수 있도록 전담 전문가 팀을 운영한다.
- 세쿼이아 캐피털은 투자 후에도 스타트업 운영 전반(고객 유치, 기술 개발, 인재 채용 등)에 대한 적극적인 지원을 한다.

체크포인트

- 투자자가 해당 산업에서 어떤 경험과 성공 사례를 가지고 있는가?
- 투자 후 실질적인 조언과 네트워킹 지원이 가능한가?

02) 누구에게 나를 소개하고 연결해줄 수 있는가?

왜 중요한가?

투자자는 단순한 자금원이 아니라, 스타트업의 네트워크 확장을 도와야 한다. 적설한 사람들과의 연결이 스타트업의 성장에 핵심적인 역할을 할 수 있다.

사례

- 소프트뱅크 비전 펀드는 투자한 스타트업을 글로벌 기업들과 연결하여 빠른 확장을 돕는다.
- 와이 콤비네이터는 창업자 간 커뮤니티를 형성하고, 다른 투자자 및 기업과의 연결을 적극 지원한다.

체크포인트

- 투자자가 제공할 수 있는 네트워크가 내 사업에 실질적인 도움이 될까?
- 구체적으로 어떤 기업, 고객, 파트너사를 연결해줄 수 있는가?

03) 투자관련 지급 능력과 자금력이 어느 정도인가?

왜 중요한가?

스타트업은 성장 과정에서 여러 번의 투자 라운드를 거칠 가능성이 높다. 투자자의 자금력이 충분하지 않다면, 후속 투자를 기대하기 어렵다.

사례

- 타이거 글로벌 매니지먼트(Tiger Global Management)는 장기적인 자금력을 바탕으로 스타트업의 성장 단계별 지속적인 후속 투자를 지원한다.
- 세쿼이아 캐피털의 파트너 마이클 모리츠는 "한 번의 투자보다 지속적인 자금 지원이 기업 성공의 열쇠"라고 강조한다.

체크포인트
- 투자자가 후속 라운드에도 참여할 능력이 있는가?
- 지금까지 투자했던 기업들에게 장기적인 지원을 해왔는가?

04) 동반 성공을 모색하는가, 아니면 성공을 독식하려 하는가?

왜 중요한가?

일부 투자자들은 스타트업의 성공을 돕기보다는 자신의 이익만을 극대화하려는 경향이 있다. 투자자의 목적이 스타트업과 동반 성장인지, 단기적인 이익 추구인지 파악해야 한다.

사례
- 벤처캐피털과 사모펀드(Private Equity)의 차이: 일부 사모펀드(Private Equity)는 기업을 빠르게 성장시켜 매각하고 투자금을 회수하는 데 초점을 맞추지만, 벤처캐피털은 장기적인 성장을 지원하는 경향이 있다.
- 우버와 소프트뱅크: 소프트뱅크는 우버에 투자하면서도, 경쟁사인 디디추싱과 그랩에도 투자하여 시장을 장악하려 했다.

체크포인트
- 투자자가 단기 이익보다 장기적인 성장을 지원할 의지가 있는가?
- 포트폴리오 기업을 어떤 방식으로 운영하고 있는가?

05) 나와 같은 가치를 공유하고 같은 수준의 성실성을 지니고 있는가?

왜 중요한가?

스타트업에게 투자자는 사업상의 중요한 파트너가 된다. 창업자와 투자자의 비전이 일치하지 않으면 기업 운영 과정에서 갈등이 발생할 가능성이 크다.

사례

- 일론 머스크 vs 초기 투자자들: 테슬라 초기 투자자들은 단기 이익을 원했지만, 머스크는 장기적 비전을 추구하며 갈등을 겪었다.
- 페이스북과 피터 틸: 틸은 초기부터 페이스북의 철학과 비전을 존중하며 장기적인 성장을 도왔다.

체크포인트

- 투자자의 경영 방식과 철학이 창업자의 비전과 부합하는가?
- 과거 투자 기업들과의 관계가 원만했는가?

06) 주식매수선택권(Stock Option)을 대량으로 요구하는가?

왜 중요한가?

일부 투자자들은 과도한 지분 요구로 창업자와 팀의 소유권 및 동기부여를 훼손할 수 있다.

사례

- 스냅챗 CEO 에반 스피겔: 초기 투자자들의 지나친 지분 요구를 거부하며 회사를 보호했다.
- 위워크 실패 사례: 창업자의 통제권이 약해지면서 기업 운영이 불안정해졌다.

체크포인트

- 투자자가 기업의 장기적인 가치를 존중하고 있는가?
- 투자자가 창업자의 경영권을 침해할 정도로 지분을 요구하지는 않는가?

결론

잠재 투자자를 선택할 때 단순히 자금 조달 능력만 볼 것이 아니라, 네트워크, 경험, 성장 전략, 철학까지 종합적으로 고려해야 한다. 이 6가지 요소를 고려해 투자자가 성장 파트너로서 적합한지 객관적으로 평가해야 한다.

전략적 접근과 투자자와의 협력

스타트업의 투자 유치는 사업의 성장을 가속화하고 지속 가능한 성과를 창출하는 중요한 기회이다. 이를 위해 창업자는 적절한 투자 금액과 지분 분배를 통해 경영권을 유지하고 팀의 동기 부여를 유지해야 한다. 또한, 유망한 투자자를 선별하고, 투자자와의 신뢰를 구축하며, 단계적으로 사업의 리스크를 제거하는 전략적 접근이 필요하다.

투자 유치는 스타트업의 비전을 투자자와 공유하며, 상호 신뢰 기반의 동반 성장을 시작하는 과정이다. 창업자는 투자자에게 신뢰를 줄 수 있는 준비와 계획을 통해 성공적인 투자 유치를 이루어낼 수 있다. 전략적 준비와 신뢰 기반의 협업을 통해 스타트업은 지속 가능한 성장의 발판을 마련할 수 있다.

PART 3

HOW TO TALK TO INVESTORS
투자자와 대화하는 법

START-UP

스타트업 컴퍼니(Startup Company) 또는 스타트업 (Startup)은 설립한 지 오래되지 않은 신생 벤처기업을 뜻한다. 미국 실리콘밸리에서 생겨난 용어로서, 혁신적인 기술과 아이디어를 보유한 창업 초기 기업을 지칭한다. 자체적인 비즈니스 모델을 가지고 있는 작은 그룹이나 프로젝트성 회사이다. (출처 : 위키백과)

온오프라인을 막론하고 스타트업의 성장과 투자 유치 소식이 활발히 전해지면서 대중들도 스타트업에 대한 관심이 많아지고 있다. 실제로 나이, 성별, 출신 등과 무관하게 많은 사람들이 스타트업을 시작하고 있으며, 관련 업계 역시 지속적으로 볼륨을 키워가고 있다. 최근에는 「스타트업」이라는 제목의 드라마가 인기를 끌면서 대중적인 관심을 얻기도 했다. 이제는 대기업들도 그동안 크게 관심 갖지 않았던 스타트업 생태계에서 어떤 역할을 해야 할지 고민하는 상황으로, 앞으로의 스타트업 생태계는 사내벤처와 오픈 이노베이션이 큰 몫을 차지할 것으로 보인다.

'스타트업'이라는 단어를 들으면 무엇이 떠오르는가? 기술력을 바탕으로 큰 성장을 이루어내는 것, 세상에 없던 혁신적인 제품이나 서비스를 제공하는 것, 사회적인 문제를 해결할 수 있는 대안을 제시하는 것 등등. 혹자는 '파괴적인 혁신'으로 일축하기도 한다.

스타트업 역시 탄생, 성장, 쇠퇴의 생애주기를 가진다. 이 과정에서, 투자는 필수적인 요소 중 하나이다. 각 단계마다, 투자를 통해 성장하고 이루고자 하는 목표와 비전에 더 가까이 다가갈 수 있기 때문이다. 투자를 유치했다는 것은 단순히 기업으로 자금이 유입되는 것만을 의미하지 않는다. 투자자의 네트워크를 통해 기업의 성장에 도움이 될 수 있는 파트너를 만날 수도 있고, 홍보/마케팅, 판로 개척 등 많은 도움을 얻을 수 있다. 은행 대출과는 완전히 다른 성격이다. 그래서, 그렇기 때문에 투자자는 기업을 더 깊이 이해하고자 노력한다. 특히, 자금이 투입되었을 때 그 다음 성장이 가능한 규모인지, 투자자가 보유한 네트워크로 성장시킬 수 있는지, 향후 투자금을 회수하는 엑싯 구조 등에 대해 깊게 고려한다.

그렇다면, 투자를 유치하기 위해서 스타트업에게는 무엇이 필요할까? 대부분의 스타트업 대표들은 투자를 유치하기 위해 IR 자료를 준비하고, 벤처캐피털 심사역들과 만날 기회를 만들려고 노력한다. 최근에는, 투자자 매칭 관련 온라인 서비스도 생겨나고 있어 기회를 만들 수 있는 가능성이 높아지고 있다. 창업보육기관에서는 투자를 유치하기 위한 역량 강화 프로그램들도 심심치 않게 볼 수 있으며, 주 내용은 IR 자료 작성과 피칭 스킬을 다룬다. 세부적으로는 시장 분석, 재무 추정, 비즈니스모델 설계 등에 대한 교육을 진행한다. 이미 좋은 프로그램과 서비스는 스타트업을 창업하기 원하는 사람들을 위해 갖춰져 있다.

지난 3년간 1,000여개 기업들을 검토하고, 직접 스타트업 대표들과 만나면서 한 가지 아쉬운 점을 발견했다. IR을 위해 처음 만나는 자리에서, 스타트업 창업자와 투자자는 서로 기대하는 바도, 궁금한 점도 많을 것이다. 그런데 스타트업 대표들이 쓰는 언어와 투자자가 쓰는 언어에는 차이가 있어, 서로의 첫 이미지가 왜곡되는 경우가 비일비재했다. 투자를 검토하고 자금을 집행하는 주체가 투자자이다 보니 투자를 받은 기업은 투자자의 눈치를 보거나, 잘못된 정보를 바탕으로 비효율적인 대화를 이어가기도 했다. 대화가 과장되거나, 논리적이지 못할수록 투자자에 대해 좋지 않은 편견이 생기게 되어 좋은 기업임에도 투자 유치에 어려운 모습을 보게 되었다.

투자자는 기업이 고르는 것이다. 단, 투자받을 가치를 제대로 어필할 수 있을 때에 한해서다.

이 장에서는 IR 자료를 작성하는 법이나 투자자와 미팅하는 기회를 확보하는 법, 시장을 분석하는 법이나 재무 추정 방법 등은 다루지 않는다. 이러한 주제에 대해서는 이미 훌륭한 저자들이 좋은 콘텐츠를 많이 만들어두었다. 대신 스타트업 대표가 투자자를 만났을 때 어떤 말을 중점으로 해야 하는지, 하지 말아야 하는 말은 어떤 것인지, 투자자가 하기 쉬운 오해는 어떤 것인지를 중심으로 풀어보려고 한다. 스타트업과 투자자는 갑을 관계가 아니다. 비즈니스 파트너 관계이기에 서로를 이해하는 과정이 필수적이다. 투자자들이 시장과 기업, 기술에 대해 공부하는 데 비해, 스타트업 대표들은 투자자의 주요 분야나 투자 규모, 투자자의 성향 등을 상대적으로 덜 이해하고 있는 경우가 많다. 투자 유치란, 서로 다른 사람이 만나 사랑을 키워가는 것과 비슷하다. 대화 방식을 고민하고 서로를 이해하려는 노력이 필요하다.

이 파트는 최근 실무에서 자주 접한 사례들을 바탕으로 구성했으며, 스타트업 대표가 투자자를 만날 때 어떤 점을 적용하면 좋을지, 꼭 읽어보고 실천에 옮기기를 바라는 마음으로 집필했다.

제 1장

투자자 이해하기

    투자자들은 투자 대상 기업이나 산업 분야에 대해 가능한 많은 정보를 얻기 위해 시장 분석도 하고 스터디도 한다. 반면, 오히려 투자 유치를 희망하는 기업들은 투자자에 대해 잘 모르는 경우가 많다.

01) 단계와 분야

'스타트업은 투자 유치를 위해 투자자의 무엇을 알아야 할까?'
'투자자에 대한 어떤 정보를 알고 있으면 좋을까?'
'투자자의 인성이나 능력에 대해 알아봐야 할까?'
'투자자의 능력이라 하면, 어떤 것들이 있을까?'

투자 관련 강의를 할 때, 필자는 항상 서두에 투자자들의 펀드 운용 측면에 대해서 언급한다. 투자자들이 어떤 단계에, 어떤 방식으로 투자하는지에 대해서.

흔히, 투자를 결혼에 비유한다. 따라서, 나와 잘 맞는지도 중요하고, 상대방의 장·단점을 파악하는 것도 중요하다. 특히, 투자자라면 단순히 자금만이 아니라, 우리 사업을 잘 이해하고 성장에 실질적으로 도움을 줄 수 있는지도 확인해 봐야 할 것이다. 투자란 단순히 기업에 자금이 흘러드는 것만을 의미하지 않는다. 투자자의 네트워킹이나, 조언을 통해 사업적 성장을 이루어 내는 것도 중요하다. 그러나, 투자자에게 가장 먼저 확인해야 할 것은 바로 투자 단계와 주요 투자 분야이다.

기업들과 만나는 강의나 세미나 등의 자리에서 질문을 해보았다. "어떤 벤처캐피털에게 투자를 받고 싶으신가요? 그 이유는 무엇인가요?" 대부분 유명 벤처캐피털을 언급한다. 소프트뱅크가 쿠팡에 투자했다는 기사를 보고, 막연히 소프트뱅크의 투자를 받고 싶다는 식으로….

투자자와 투자 방식에 대해서 이야기할 때, FFF(Family, Friend, Fool), 엔젤 투자자, 액셀러레이터, 벤처캐피털, 사모펀드 등의 단어를 들어본 적 있을 것이다. 이들은 각자 투자하는 단계와 투자 재원이 다르다. FFF나 엔젤 투자자, 액셀러레이터는 대개 기업의 초기에 투자하며, 그 투자금은 수천에서 수억 정도이다. 최근 벤처캐피털은 수억대, 많게는 수천억대의 투자를 하고, 사모펀드는 억대를 넘어 수조대의 투자를 다루기도 한다.

먼저, 투자 단계를 확인한다는 말은 곧 운용하는 펀드의 규모를 확인하는 것을 말한다. 예를 들어, 100억 규모의 펀드와 1,000억 규모의 펀드는 집행하는 투자 규모가 다르다. 대개 한 펀드당 10건 내외의 투자가 이루어지기 때문에 100억 규모라면 보통 10억 안팎의 투자가 집행되고, 1,000억 규모라면 100억 전후의 투자가 집행된다. 그렇다면 우리 기업의 가치가 100억일 때는 1,000억 규모의 펀드를 운용하고 있는 투자자 보다는 100억 규모의 펀드를 운용하고 있는 투자자가 적합할 것이다. 펀드 규모에 따라 투자자의 관점도 달라진다. 신생 기업일수록 대표나 팀의 역량에 집중하고, 성장할수록 그 과정과 기업의 비전, 각종 지표 등을 추가적으로 검토하게 된다. 이에 대해서는 뒤에 주가적으로 덧붙이고자 한다.

펀드가 결성되면 대개 결성일로부터 2년 이내에 자금이 소진되므로, 결성일이 오래된 펀드는 피하는 것이 바람직하다. 펀드는 대개 8년 동안 운용되는데, 초기 2년은 투자집행, 중간 4년은 운용, 후기 2년은 회수를 진행한다.

그 다음으로 주요 투자 분야를 확인해야 한다. 크게 두 가지 방법이 있는데, 펀드의 주목적 투자 분야가 어디인지 확인하는 방법과 각종 기사나 투자사 홈페이지의 포트폴리오를 확인하는 방법이 있다. 펀드도 운용 목적에 맞게 투자를 집행할 것이고, 투자자도 기본적으로 자신이 잘 아는 분야에 투자할 것이다. 당연한 말이다. 만일 기업이 하드웨어 제품을 개발하는 곳인데, 콘텐츠나 서비스 플랫폼에 주로 투자하는 투자자에게 구애를 해도 투자 검토 자체가 쉽지 않다. 다시 강조하지만, 투자를 받는다는 건 은행에서 대출받듯 진행될 수 있는 일이 아니다.

아래 홈페이지에 접속해 보면, 어떤 펀드가 운용되고 있는지 확인할 수 있다. 스타트업 대표라면 꼭 알아두어야 할 정보다.

중소기업창업투자회사전자공시
http://diva.kvca.or.kr/div/cmn/DivDisclsMainInq
한국벤처투자
http://fundfinder.k-vic.co.kr/rsh/rsh/RshMacFnd

여담이지만, 투자자는 한 번 투자하면 자신이 투자한 기업과 짧게는 3년, 길게는 10년 이상의 관계를 유지해야 한다. 그렇기 때문에 사업 내용뿐만 아니라 해당 기업의 대표와 성향이 잘 맞는지를 고려하기도 한다. 이 부분에는 정답이 없기에, 각자 더 깊이 고민해 보길 바란다.

02) 투자 판단 기준: 투자 "선호" 스타트업

스타트업에 투자하려는 투자자들은 다양한 기준을 통해 기업의 잠재력을 평가한다. 창업자의 동기와 의지, 미래 시장에 대한 통찰력, 조직 문화, 핵심 역량과 경쟁 우위, 고객 검증 및 매출 실현, 지속 가능성, 그리고 독창적인 기술이나 상품의 개발 등이 그 기준이 될 수 있을 것이다.

① 창업 동기 및 의지: 기업가 정신

투자자들은 창업자의 동기와 의지를 기업가 정신의 핵심 요소로 본다. 창업자가 이 사업을 시작한 이유, 창업자의 궁극적인 목표, 창업을 통해 이루고자 하는 비전 등은 기업의 사업 전개 방향을 결정짓는다. 예를 들어, OLX의 공동 창업자 파브리스 그린다는 어린 시절부터 컴퓨터에 대한 열정을 가지고 있었으며, 이러한 열정이 그를 여러 벤처를 창업하고 1,100개 이상의 스타트업에 투자하는 세계적인 엔젤 투자자로 성장하게 했다.

② 미래예측 및 Pain Point 도출: 사업아이템

스타트업은 기존 시장에서 해결되지 않은 문제를 찾아내어, 이를 해결할 수 있는 혁신적인 아이디어를 제시해야 한다. 실리콘밸리의 유명 벤처캐피털들은 단순한 시장 예측을 넘어, 독특한 방식으로 미래 시장을 예견하고 투자한다. 이들은 시장의 높은 불확실성을 감안하여, 기존에 없던 새로운 가치를 창출하는 스타트업에 주목한다.

③ 조직문화: 기업은 사람이다

기업의 성공은 결국 사람에게 달려 있다. 투자자들은 스타트업의 조직문화가 얼마나 건강하고, 팀원들이 얼마나 협력적인지를 중요하게 평가한다. 예를 들어, 삼성전자는 사내벤처 육성 프로그램인 C랩을 통해 임직원들의 창의적인 아이디어를 지원하며, 이를 통해 건강한 조직문화를 구축하고 있다.

④ 보유 핵심역량과 경쟁우위, 차별성: 경험이 많고 잘 할 수 있는 것

스타트업이 보유한 핵심 역량과 경쟁 우위는 투자자들에게 큰 매력으로 다가온다. 예를 들어, 현대자동차는 제조 분야의 AI 솔루션을 제공하는 기업 마키나락스의 기술력을 인정하고 그들에게 투자했다.

⑤ 유수 고객 검증 및 매출 실현

이미 주요 고객을 확보해 매출을 실현하는 스타트업은, 시장의 수요를 입증하는 중요한 지표로 기능한다. 투자자들은 이러한 실적을 통해 기업의 성장 가능성을 판단한다. 예를 들어, 자율주행 로봇을 활용한 도심형 배달 서비스를 제공하는 뉴빌리티는 2022년에 230억 원의 투자금을 유치하며, 시장 수요를 입증하였다.

⑥ 지속 가능성: 차기 라운드 투자 유치 가능성

스타트업의 지속 가능성은 장기적인 성장 가능성과 직결된다. 투자자들은 기업이 다음 투자 라운드를 성공적으로 유치할 수 있는지, 즉

비즈니스 모델이 지속 가능한지를 평가한다. 예를 들어, 현대자동차는 2017년 이후 2023년 1분기까지 6년 동안 국내외 유망 스타트업에 1조 3,000억 원을 투자하며, 오픈이노베이션을 통한 기술 협업까지 이루어 투자한 스타트업의 기업 가치가 4배 이상 오르는 성과를 보였다.

⑦ 세계최고 수준의, 독창적인 기술·상품 도전: 유니콘 가능성

투자자들은 스타트업이 독창적이고 세계 최고 수준의 기술이나 상품을 개발하여 유니콘 기업으로 성장할 수 있는 잠재력을 중요하게 본다. 예를 들어, LG그룹은 AI 관련 분야의 성장 추이를 면밀히 살피며, AI 연구 허브로 설립된 초거대 AI 엑사원(EXAONE) 관련 연구개발과 투자에 집중하고 있다.

이처럼 투자자들은 스타트업의 잠재력을 평가하기 위해 다양한 기준을 세우며, 이는 기업의 성공 가능성을 높이는 중요한 요인으로 작용한다.

03) 투자 판단 기준: 투자 "기피" 스타트업

스타트업에 투자하려는 투자자들은 기업의 잠재력과 성장 가능성을 평가할 때 다양한 요소를 고려한다. 그 중에서도 투자자들이 특히 기피하는 스타트업의 특징은 다음과 같으니 적어도 이 리스트에는 들지 않도록 노력하는게 좋겠다.

① 독단적 성향의 CEO: 소통 부족, 역지사지 결여

CEO의 리더십 스타일은 기업 문화와 성과에 직접적인 영향을 미친다. 독단적인 CEO는 팀원들과의 소통이 부족하고, 타인의 입장을 이해하려는 노력이 결여되어 있어 조직의 협업과 혁신을 저해할 수 있다. 이러한 리더십 하에서는 우수한 인재가 유출되어 기업이 장기적으로 성장하지 못할 수 있다. 실제로 투자 후 망하는 업체의 대부분이 마지막에 결국 대표의 독단적인 언행과 소통 부재로 사운이 기울게 된 경우가 매우 많은 게 사실이다.

② 부실한 사업 분석: 경쟁분석, 출시 가능 시점, 추정 현금흐름의 부족

성공하는 스타트업은 사업을 철저하게 분석한다. 경쟁사를 분석하지 않는 기업은 시장에서의 위치를 파악할 수 없을뿐더러, 제품이나 서비스의 출시 시점을 예측하지 못해 시장 진입에 실패할 수 있다. 또한, 현실성 없는 현금흐름 추정은 재무적인 어려움을 초래할 수 있다. 이러한 사업을 철저하게 분석하지 못한다면 투자자들에게 큰 우려를 야기한다. 실제로 투자사는 투자 직전의 실사 과정에서 스타트업의 현금흐름이 부

족하거나, 이에 대한 대응 역량이 객관적으로 입증되지 않으면 투자를 철회하는 경우가 적지 않다.

③ 거짓 또는 과장된 내용: 실현 가능성이 낮은 과도한 목표 설정

간혹 스타트업이 투자를 유치하기 위해 과도한 목표를 설정하거나 실현 가능성이 낮은 계획을 제시하는 경우가 있는데, 이는 투자자들이 기업을 신뢰하지 못하는 이유가 되기도 한다. 투자자들은 현실적이고 달성 가능한 목표를 선호하며, 과장된 내용은 기업의 투명성과 진정성을 의심하게 만든다. 의도한 것은 아니겠지만, 무엇보다도 수치는 정말 꼼꼼하게 확인해야 한다. 보고서의 숫자가 앞뒤로 다르거나, 실적의 숫자가 맞지 않거나, 매출 추정 수치에 오자가 있다면 신뢰를 크게 떨어뜨릴 수 있다. 물론 설명을 잘한다면 넘어갈 수도 있지만, 투자자가 스타트업을 믿지 못하는 일차적인 계기가 될 수 있으니 피칭 전 자료를 꼼꼼하게 확인해야 한다.

④ 재무구조 및 지배구조의 취약성: 단기차입금 의존, 불명확한 경영 주체

재무구조가 취약한 스타트업은 지속 가능한 경영이 어렵다고 볼 수 있다. 특히 단기차입금에 과도하게 의존한다면 금리 변동이나 자금 조달의 어려움으로 인해 재무적 리스크가 증가한다. 또한, 경영의 주체가 불명확하거나 지배구조가 투명하지 않으면 의사결정 과정에서 혼란이 발생하며, 이는 투자자들에게 큰 불안 요소로 작용한다.

⑤ 사업성이 떨어지는 기술: 규제에 묶인 기술, 시장보다 앞서간 기술

스타트업이 보유한 기술이 현재의 규제 환경에 부합하지 않거나, 시장 수요보다 지나치게 앞선 경우에는 상용화에 어려움을 겪을 수 있다. 예를 들어, 드론 배송 서비스는 기술적으로 가능하지만, 각국의 항공 규제와 인프라 부족으로 인해 상용화에 제약이 있다. 이러한 기술은 투자자들에게 높은 리스크로 인식된다.

⑥ 개발 및 고객 검증의 지연

제품 개발이 지연되거나 고객 피드백을 통한 시장 검증이 늦어지면 스타트업은 경쟁력을 상실할 수 있다. 빠른 프로토타입 제작과 조기 검증은 시장 적합성을 확인하고 개선점을 신속히 반영하는 데 핵심적인 역할을 한다. 이러한 과정이 늦어지면 시장 진입 시기를 놓칠 수 있으며, 기업에 대한 투자자들의 신뢰 또한 흔들릴 수 있다.

투자자들은 이러한 요소들을 종합적으로 고려하여 투자 결정을 내린다. 스타트업은 이러한 투자자들의 우려를 사전에 파악하고, 이를 개선하기 위한 노력을 기울여야 한다. 투명한 경영, 철저한 사업 분석, 현실적인 목표 설정, 견고한 재무 및 지배구조 구축, 시장에 부합하는 기술 개발, 그리고 신속한 제품 개발 및 고객 검증을 통해 투자자들의 신뢰를 얻을 수 있다.

04) 투자자가 생각하는 투자의 이유

투자자는 왜 투자를 하는 것일까? 그 이유는 다음과 같은 핵심 요소로 요약할 수 있다.

① 매력적인 시장

투자자들은 스타트업이 진입하려는 시장의 규모와 성장 잠재력을 중요하게 평가한다. 예를 들어, 전기차 시장은 지속 가능한 에너지에 대한 글로벌 수요 증가로 인해 매력적인 투자 대상으로 부상하였다. 테슬라는 이러한 시장의 성장 가능성을 인지하고, 전기차 분야에 집중하여 성공을 거두었다. 이처럼 급성장하는 시장에 진입하는 스타트업은 투자자들에게 큰 매력으로 다가올 수 있다.

② 차별화된 기술

독특하고 혁신적인 기술은 스타트업의 경쟁력을 강화한다. 예를 들어, 스페이스X는 재사용 가능한 로켓 기술을 개발하여 우주 산업의 비용 구조를 혁신하였고, 이를 통해 우주 탐사 분야에서 독보적인 위치를 확보하였다. 이러한 차별화된 기술은 투자자들에게 높은 가치를 지니며, 시장에서의 경쟁 우위를 제공한다.

③ 강력한 창업팀

스타트업의 성공은 창업팀의 역량과 직결된다. 투자자들은 팀 구성원의 전문성, 경험, 그리고 협업 능력을 중요하게 평가한다. 불과 몇 년

전까지만 해도, 유명 대학 출신이거나 투자금을 성공적으로 회수한 경험이 있는 사람들로 이루어진 팀은 수십억 원의 기업가치를 인정받기도 했다. 하지만 최근의 투자자들은 창업팀의 역량을 더 면밀하게 따진다. 예를 들어, 페이스북의 창업자 마크 저커버그는 뛰어난 기술력과 비전을 바탕으로 회사를 글로벌 소셜 미디어 플랫폼으로 성장시켰다. 이처럼 강력한 창업팀은 스타트업의 성공 가능성을 높이며, 투자자들에게 신뢰를 준다.

④ 유의미한 성과

초기 단계에서 의미 있는 성과를 달성한 스타트업은 투자자들에게 신뢰를 준다. 여기서 중요한 것은 그냥 성과가 아니라 스타트업이 추구하는 미션과 비전에 맞는 유의미한 매출과 성과를 얘기하는 것이다. 단순 매출 볼륨을 맞추기 위한 SI 계약 등은 오히려 인정보다는 독이 될 수 있다. 예를 들어, 우버는 서비스 출시 초기부터 빠른 사용자 증가와 매출 성장을 보이며, 투자자들의 주목을 받았다. 이러한 초기 성과는 비즈니스 모델의 유효성을 입증하며, 추가 투자의 유인을 제공한다.

이처럼 투자자들은 스타트업의 시장 잠재력, 기술 혁신성, 팀의 역량, 그리고 초기 성과 등을 종합적으로 고려하여 투자 결정을 내린다.

제 2장

오만과 편견

자금을 조달하기 위한 과정은 나를 낮추는 것이 아니다.
그저, 이 생태계에서 내 역할을 하는 것일 뿐.

지금 꼭 돈이 필요한 것은 아닙니다

'지금 꼭 돈이 필요한 것은 아니다.'
'돈이 필요해서 투자를 받으려는 것은 아니다.'

한참을 한 스타트업 대표님과 논의하고 있을 때였다. 기업의 현황이 어떤지 잘 듣고, 어떤 형태의 자금이 얼마나 투여되면 다음 단계에서 이루어낼 수 있는 성장이 어떻게 되는지에 대해서 논의하고 있었다. 그러다 앞에 계신 대표님이 불쑥 이렇게 말씀하셨다.

"저희는 지금 당장 자금이 급하지 않습니다. 조금 더디더라도 독자적으로 사업을 이어갈 수 있다고 생각합니다."

'네?'

그 말을 듣고 머릿속이 복잡해졌다. 그렇다면 나는 지금 여기서 무얼 하고 있는 것인가? 정말 자금 조달이 급하지 않은 것일까? 그게 아니라면 이 대표님은 기업 성장에 대한 의지나 열정이 부족한 것일까? 혹시 자금 조달이라는 과정이 조금은 민망해서 마음에 없는 말씀을 하셨을까? 투자가 집행이 되면, 과연 이 자금이 기업 성장에 기여하도록 잘 활용될 수 있을까?

이와는 완전히 반대의 경우인데, 또 다른 대표님은 이렇게 말씀하시기도 했다.

"저희는 다른 준비는 다 되어 있습니다. 자금만 확보되면 매출도 성장도, 모두 어렵지 않다고 생각합니다."

'돈만 있으면 된다'는 말, 정말 그럴 수도 있다. 그러나 정말 그럴까? 오히려 다른 부분에 대해 고민이 부족한 것은 아닐까? 혹시 투자 유치를 단순히 돈을 투입하는 과정으로만 여기는 것은 아닐까? 그렇다면 투자보다는 대출이 적합하지 않을까?

많은 스타트업 대표님들이 투자 유치 과정에서 이러한 이야기를 하시곤 한다. 자금 조달은 단순히 돈을 마련하는 과정이 아니다. 함께할 파트너를 구하는 과정과 같다. 그렇기 때문에 '돈이 급하지 않다', 혹은 '돈만 있으면 된다'는 말은 그 기업이 투자에 적합한지 판단을 내리기 어렵게 만든다. 기업의 본질적인 측면을 파악하고 싶지만, 자꾸 자금에 대한 이야기로 중심이 흐려진다.

기업은 어느 정도의 금액이 들어가야 어느 기간 동안 얼마나 성장할 수 있는지, 또 그 이후로 얼마나 자금이 소요될 예정이며 이는 어떻게 조달할 예정인지 그 전략을 논리적으로 설명할 수 있어야 한다.

우리의 제품은 세계 최초입니다.

"이 제품은 세계 최초입니다." "국내 최초의 OO서비스입니다."

많은 스타트업 대표님이 뛰어난 아이디어와 기술력, 그리고 강한 추진력을 지니셨다. 그래서 기본적으로 열정이 대단하다. 그래서인지 투자 관련 미팅을 하면서 유독 세계 최초, 혹은 국내 최초라는 타이틀을 강조해서 말하는 분들이 있다. 그간의 고생을 보상받고 싶은 마음도 있고, 실제 너무 좋은 제품이라 자랑하고 싶기도 할 것이다.

그런데 이 말을 들으면 먼저 두 가지 생각이 든다.

'시장에서 유효하지 않았기 때문에 지금까지 없던 것은 아닐까?' '과연 시장을 모두 확인해 봤을까?' 저 말이 나온 상황에서 대부분은 사실이다. 검색해 보면 정말 똑같은 제품이 있지는 않으니까 말이다. 사업이란 많은 사람들이 얘기한 바와 같이 타이밍이 중요하다. 제품이 성공하기 위해서는 시장 진입 순간이 너무 빨라서도 너무 느려서도 안 된다.

하지만 정말 시장보다 앞선 게 맞을까? 시장의 수요가 없는 것은 아닐까? 정말 대박날 아이템이라면, '최초'라는 표현은 투자자가 먼저 꺼내게 만드는 것이 더 효과적이지 않을까? 제품의 차별성과 성공 가능성을 논의할 때, 창업가가 투자자에게 어떤 부분은 직접 확인해 보라고 메시지를 주는 게 더 어필이 될 수 있을 것 같다.

실제로 벤처캐피털의 심사역이라 불리는 투자 담당자들은 투자를 실시하기 위해 굉장히 철저하게, 많이 스터디를 한다. 이 스터디 과정에서 '아, 이거 제대로만 하면 모든 시장을 선점할 수도 있겠다' = '최초' 라는 생각이 들게 하면, 투자 유치 과정이 원활하게 진행될 것이다. 참고로 투자 검토 기간은 대개 2~3개월 정도이다. 물론, 더 길어지기도 짧아지기도 하지만 말이다. 적어도, 투자자들의 머릿속에 '저 사람은 정말 실현 가능한 아이디어를 가져왔네. 성공할 확률도 높겠는걸' 하는 생각이 들 수 있도록 하는 것이 중요하다. '내가 너무 빨랐고 시장이 몰라준 것이다'는 말은 사업 실패에 대한 변명처럼 비춰질 수 있다는 것을 인식하도록 하자.

하나만 기억하라. 투자자도 사람이다. 가능한 한, 그들도 리스크 없이 투자하고 싶어한다. '최초'는 기회와 리스크를 모두 포함하고 있으니, 리스크를 좀 없앨 수 있는 논리를 만들어보면 어떨까?

"시장의 10%만 점유해도…"

'저희가 시장의 10%만 점유해도 매출은….'

시장 분석, 참 어렵다. 대개 스타트업에서는 구글 검색으로 찾은 공개된 보고서나 통계청의 자료를 활용해 시장을 분석할 것이다. 또는 전문 조사 기관을 통하기보다는 자체적으로 간이 설문조사를 진행하는 경우도 있을 것이다.(여담이지만, 자체적으로 설문조사를 진행할 때는 정말 잘 준비해야 한다. 대부분 편향이 심각하기 때문) 어떤 방식이든지 논리만 명확하다면 시장 분석에 있어서 크게 문제될 점은 없다. 논리만 명확하다면.

아래 사례를 한번 살펴보자. 2017년 10월, 한국농촌경제연구원에서 발생한 '반려동물 연관산업 발전방안 연구'에 따르면, 반려동물 관련 시장은 2020년 기준으로 약 3조 3,753억 원에 달하는 규모에 이를 것으로 전망했다. 이에 펫코노미(Petconomy)라는 신조어도 등장했다. 반려동물을 뜻하는 펫, 그리고 경제를 뜻하는 이코노미를 합성한 단어다.

필자 또한 몇 년 전부터 반려동물 관련 시장과 산업이 성장하는 것을 체감하고 있다. 관련한 스타트업도 늘고 있고, 관련 투자 미팅도 다수 진행하고 있다. 그런데 많은 대표님들이 기업 현황을 이야기할 때 같은 보고서를 인용하는 것을 보았다. 사실 크게 문제될 것은 아니지만, 이런 부분에서 초보와 고수의 차이가 생긴다. TAM, SAM, SOM 개념을 바탕으로 시장을 분석해 제시하면 좋다. 이론과 방법론은 뒤에서 설명하도록 하겠다.

조금 부족한 예시
- 반려동물 시장 규모는 3조원 이상이며,
- 이 중 OO 분야 시장은 약 9천억 원 규모로 추정됩니다.
- 이 시장에서 저희가 단기적으로 10%의 점유율을 확보할 경우 예상 매출은 약 900억 원입니다.

조금 나은 예시
- 전체 반려동물 시장 중에서 OO 분야 시장의 규모는 0조원입니다.
- 이 중에서 현재 수도권을 중심으로 000억원 규모 시장이 형성되어 있으며,
- 저희는 현재 공략 가능한 역량을 중심으로 수도권에서 OO 판매(또는 홍보) 활동을 통해 초기 마켓쉐어 10%를 달성하고자 합니다. 이 때 예상 매출액은 00억입니다.
- 저희의 초기 타겟인 반려동물을 키우는 2030 직장인 중 저희가 직접 컨택하거나 또는 서비스 내용을 전달할 수 있는 타겟은 0만 명입니다. 이를 통해 매출액을 00억까지 달성할 계획입니다.

위 두 내용은 사실 크게 다르지 않다. 오히려, 처음 말한 것을 보면 예상매출액을 크게 잡고 있어 더 매력적이지 않은가 하는 생각도 들 수 있다. 하지만 결론적으로는 그렇지 않다.

먼저, 너무 허황되어 보인다. 분명 3조 원이 넘는 시장은 굉장히 큰 규모의 시장이다. 투자자마다 관점은 다르겠지만 대체로 투자자는 큰 시장을 선호한다. 시장 규모나 금액이 정해져 있지는 않지만, 그래도 수천억 이상은 되어야 좋다.(물론, 더 좋은 것은 시장을 만들어낼 수 있을 만큼 트렌드에 부합되는 서비스나 제품이겠지만) 그러나 그렇게 규모가 큰 시장은 전개하려는 사업과 직접적으로 관련이 없을 수도 있다. 또한 '10%만 점유해도 어떻다'는 말보다는 '점유율 10%를 달성하기 위해 어떠어떠한 노력을 하겠다'는 말이 더 적합하다. 10%를 그냥 점유할 수 있는 시장은 어디에도 없기 때문이다. 두 번째 사례처럼 추측이 아닌 팩트를 기반으로, 논리 있게 주장을 전개한다면 더 좋은 인상을 남길 수 있다.(물론 분명 더 좋은 방식으로 접근할 수 있는 방법도 있을 것이다) 만약 파일럿테스트를 실시해 간단한 설문을 첨부하거나, 제품/서비스의 호응도를 알 수 있는 데이터가 추가된다면 논리를 뒷받침할 수 있어 금상첨화다.

제 3장

기업 가치 100억

기업가치는 쉽게 말해 기업의 '가격'이다.
당연히 너무 비싸면 거래되지 않는다.

기업 가치 100억

"저희 기업가치는 100억 정도로 보고 있습니다."

밸류에이션(Valuation)은 스타트업에게 매우 어려운 과제다. 스타트업의 주식은 비상장주식이기에 시장가격이 존재하지 않으며, 소수의 거래로 가격이 크게 영향을 받기도 하고, 가격 평가 방식 자체도 논란이 있다. 이를 언급하는 것 자체가 민감하게 받아들여질 수 있다. 다른 강의나 세미나를 들어보아도 보통은 "00억~00억 정도의 밴드로 추정된다"거나 "현재까지 들은 바로는 약 00억 수준으로 보이지만, 자세한 건 더 검토가 필요하다"는 식으로 유보적인 표현을 쓴다.

필자의 개인적인 의견으로는, 시장에서 기대하는 적정 가격보다 조금 낮은 수준으로 기업가치를 설정하는 것이 바람직하다고 생각한다. 그래야 후속 투자 유치 시에도 비교적 어려움이 덜 할 것이고, 기업도 필요 이상의 자금을 유치해서 창업자의 지분이 과도하게 희석되는 상황도 방지할 수 있기 때문이다.

한 가지 재미있는 현상이 있다. 어떤 영향 탓인지는 모르겠으나, 투자 검토를 위한 미팅을 진행할 때, pre-A 이전의 초기 단계의 스타트업들이 100억이라는 기업 가치를 너무 쉽게 이야기한다는 것이다. 투자 유치를 한 기업들이 수십억, 수백억을 투자받았다는 PR 기사를 발표해서인지, 강남 아파트 값이 100억을 향해 달려가고 있어서 그런지는 모르겠다.

하지만 알고 보면 '기업 가치 100억'의 근거는 빈약한 경우가 많다. 일반적으로 밸류에이션을 산정할 때는 상대평가 또는 현금흐름할인법, 기술가치 평가, 리스크 헷지 등의 방법으로 이를 파악한다. 즉, 비슷한 단계에 있는 기업이 어느 정도에 투자 유치를 했는가, 향후 발생할 수익을 현재 가치로 할인하면 기업가치는 어느 정도인가, 현재 자산화되어 있는 기술의 가치는 비슷한 섹터의 유사 기업과 비교하면 향후 얼마를 벌어들일 것으로 평가할 수 있는가, 사업상 예상되는 리스크를 헷지할 수 있는 역량이 있거나 준비가 되어 있는가 등이다.

100억 규모의 기업가치라면, 시드를 포함해 한두 번의 투자를 유치하고, Series-A 정도에서 제품 또는 서비스가 출시되어 실제 매출이 발생하고 있으면서, 그 매출은 최소 10억 이상이고,(물론 업종마다 다를 수 있다) 현재 매출 추이를 보고 향후 재무 상태를 현실적으로 추정할 수 있어야 한다. 따라서, 아직 제품이나 서비스를 개발 중인 단계라면 기업가치 100억을 논하기는 어렵다.

이는 기업의 가치를 평가절하한다는 의미가 아니다. 어떻게 보면 투자 유치 과정의 기술적인 부분이며, 밸류를 높게 해서 투자 유치를 하면 득보다 실이 많을 수 있기 때문이다. 특히, 추가 투자 유치가 필요한 스타트업 입장에서는 후속 투자가 진행되지 않을 수 있다. 예를 들어, 적정 기업가치가 50억인데 100억으로 투자를 받는 경우, 그다음 후속 투자는 250~300억 규모로 성장이 되어야 하는데, 50억 단계의 기업이 250억 이상의 단계로 한 번에 성장하기 어렵기 때문이다. 또한, 이 정도로 성장하지 못하면, 향후 필요한 자금조달은 불리한 조건으로 이루어질 가능성이 높다. 실제로 어떤 기업은 2년전 초기에 지인 중심으로 개인투자조합을 결성하여 80억 밸류로 투자 유치를 한 결과, 현재 실질 밸류가 40억을 채 달성하지 못해 100억 밸류는 커녕 40억으로 디밸류에이션을 해야 투자를 받을 수 있는 상황에 놓였다. 이런 경우 후속투자자가 운 좋게 40억 밸류정도에 투자를 해준다고 기존 주주들을 설득해야 하는 이중고를 겪을 수 밖에 없다.(방법은 몇 가지 있지만 현실적으로 매우 복잡하다.)

그리고, 항상 상장주식의 밸류에이션, 즉 시가총액을 살펴보길 바란다. 매출액이 수백억, 수천억인 상장사도 시가총액 천억이 안되는 경우가 수두룩하다. 당신이 투자자라면 어디에 투자할 것인가? 불확실하면서도 비싼 스타트업? 혹은 어느 정도 검증을 거쳐 상장했지만 저평가된 상장사?

간혹, 이렇게 말씀드려도 제품이나 서비스가 일단 출시되기만 하면 기업가치가 훨씬 더 높아질 거라고 반발하시는 대표님들도 있다. 맞는 말씀이다. 출시되면 기업가치가 높아질 것이다. 이에 더해 매출을 기록하면 기업가치가 더 높아질 것이다. 그리고, 매출이 상승 트렌드를 보여주면 기업가치가 더 높아질 것이다. 다만, 이를 실현하기 위해 자금이 필요한 것이 아닌가. 굳이 다툴 필요는 없다. 한 가지, 투자자 입장에서는 한정된 자원으로 더 매력적이고 더 적정한 기업을 검토하고 있다는 사실을 잊으면 안 된다. 좀 더 넓고 길게 생각해 볼 필요가 있다.

회계법인의 기업가치

"팀장님, 이번에 OO회계법인에서 저희 기업가치를 400억으로 산출했습니다."

많은 스타트업 대표님들이 기업가치 산정에 어려움을 느끼고 있음을 잘 보여주는 부분이다. 회계법인에서 기업가치를 산정하는 것이 맞고 틀리고의 문제는 아니다. 다만, 그 용도가 적합한지는 다시 생각해보면 좋겠다. 많은 스타트업 대표님들이 회계법인을 통해 기업가치를 산정하는 데 비용을 들이고, 보고서를 들고 다니며 얘기한다. 신기하게도, 열이면 열 모두, 회계법인을 통해 산정한 기업가치는 매우 높다. 대부분 현재 스타트업의 적정 가치보다 높게 산출된다.

기업가치가 높게 나온 것을 두고 기분 좋게 생각하는 대표님들도 혹시 있을 수 있다. 하지만 회계법인에서 산정한 기업가치는 일반적인 투자 관점에서의 기업가치와는 차이가 있다는 것을 분명히 인지해야 한다. 즉 투자 유치 과정에서 활용할 수 있는 기업가치는 아니라는 것이다. 그렇다면 어떤 차이가 있는 걸까?

기업가치를 산정하는 방식은 여러 가지가 있다. 여러 방식이 존재한다는 건 그 어느 하나도 절대적이지 않다는 뜻이다. 결국 기업가치는 '추정치'다. 그중에서도 가장 많이 활용되는 방법은 현금흐름 할인법

(Discounted Cash Flow, DCF)이다. 즉, 기업 활동을 보고 매년 발생할 수 있는 미래의 현금흐름을 현재 가치로 할인하는 방식이다.

DCF 절차는 다음과 같다.
1. 잉여현금흐름(Free Cash Flow, FCF) 추정:
   각종 비용을 지출하고 남은 현금
2. 잔존가치(Terminal Value, TV) 계산:
   기업이 사업을 정리할 시점의 사업가치
3. 가중평균자본비용(Weighted Average Cost of Capital, WACC) 계산: 이익률이 자본 비용(주주, 부채 등)을 얼마나 상회했는지
4. FCF 및 TV에 대해 WACC를 활용하여 현재가치로 할인

즉, 미래에 벌 수 있는 수익을 현재의 가치로 환산해 계산하는 방식이다. (물론, 각기 조금씩 변형된 방식을 사용한다.)

하지만 이 방식에는 몇 가지 한계가 따른다.
먼저, 스타트업은 아직 충분한 현금흐름 데이터가 쌓여 있지 않고, 미래 재무 상황 역시 대부분 예측이 아닌 추정에 가깝기 때문에, 현재의 기업가치를 정확히 산정하기 어렵다.

세부적으로 살펴보자. 첫 번째로, 매출 추정 자체가 과대 계상될 가

능성이 있다. 두 번째로, 할인률 산정에 차이가 있을 수 있다. 회계법인에서는 사업 성공의 가능성을 25%, 50%, 75% 등으로 나눠 각각 매출을 추정하여 이에 대한 가중치를 부여해 평균을 내는 방식을 채택한다. 반면, 투자심사역들은 대개 50% 혹은 70%의 할인률을 적용한다. 스타트업이 성공할 확률 자체가 낮기 때문이다.(이 방식에 대해서는 논란의 여지가 있지만 실제로 시간이 지나면 의외로 잘 들어 맞는다) 세 번째로, 회계 법인은 해당 기업이 앞으로도 계속 운영될 것이라는 가정을 전제해 기업가치를 평가하기 때문에 실제 기업 상황과는 다를 수 있다.

투자심사역은 DCF를 약간 변형하여 활용하기도 한다.

예를 들면,

1) 1년 뒤 순이익 10억 가정, PER 10 적용, 할인율 50% 적용

2) 순이익 10억 X PER 10 * 할인률 0. 5 = 기업가치 50억

* PER은 업종마다 다르며, 유가증권시장 평균을 10으로 보고, 제조업에 가까울 수록 낮고, 서비스에 가까울 수록 높다. 부가가치를 나타내는 지표이기도 하다.

할인률은 각기 적용되며, 초기일수록 높고, 과거 자료를 통해 매출의 트렌드를 확인할 수 있으면 낮아진다.

기업가치는 단 한 가지의 공식으로 결정되지 않는다. 앞서 언급한 바와 같이 유사기업과 비교해 보기도 하고, 팀의 역량이나 보유 기술을 고

려하기도 한다. 지금 당장 중요한 것은 기업가치를 정하는 일이 아니다. 다음 단계로 나아가기 위해 자금이 얼마나 필요한지, 그 자금이 어떤 가치를 만들어낼 수 있는지, 그리고 적절한 지분 구조는 무엇인지 고민해야 한다.

기술가치평가 & 구매의향서 & 양해각서

"저희 기업가치가 100억도 안 된다고요? 보유한 특허 기술만해도 가치가 500억이 넘는다고 평가받았는데요."

필자는 개인적으로 기술을 기반으로 한 스타트업들을 좋아한다. 다만, 기술 기반 스타트업의 대표님들은 대체로 핵심적인 기술을 보유한 분들이라서 그런지, 기업을 기술 위주로 이야기한다는 것이다. 이런 분들일수록 사업가 마인드가 있어야 한다. 기업가치를 논할 때, 기술에 대한 가치를 지나치게 강조하면 그 다음 이야기가 진행되기 어렵다. 기술의 차별성을 뒷받침하는 지적재산권(주로 특허를 말하며, 상표권이나 디자인, 저작권 등은 후순위가 된다)은 사업을 물론 그 기업만의 경쟁력이 될 수 있다. 그러나, 지적재산권을 곧바로 기업가치에 연결시키는 것은 무리가 있다. 정확히 표현하겠다. 특허의 기술가치란, 해당 특허를 통해 창출할 수 있는 경제적 가치를 의미한다. 따라서 특허와 기술가치를 엮어서 논하고자 한다면 이 특허를 통해 어떻게, 얼마나 매출을 만들어낼 수 있는지 뒷받침할 수 있어야 한다. 단순히 "특허 가치만 해도 수백억 원입니다" 라는 말은 특허를 파는 것이 사업을 운영하는 것보다 낫지 않겠냐는 의문을 들게 한다.

흔히 제시하는 구매의향서(LOI)나 양해각서(MOU)도 같은 맥락에서 볼 수 있다. 이 두 문서의 가장 큰 특징은 법적구속력이 없다는 것이다. 그렇기 때문에 몇백억 규모의 구매의향서를 받았다거나, 잘 알려진 곳과 양해각서를 체결했다고 해도 이는 참고사항에 불과할 뿐이다. 결국 이를 토대로 어떻게 매출을 낼 것인지, 어떻게 사업을 확장할 것이며 기업이 얻게 되는 이득은 무엇인지 명확한 뒷받침이 있어야 인정받을 수 있다.

한편, 구매의향서나 양해각서는 누구와 체결했는지, 어떤 과정을 거쳐 체결했는지에 따라 대표님의 영업력을 평가하는 지표가 되기도 한다. 구매의향서의 경우, 타겟 시장에 깊게 침투했는지, 글로벌 시장에 진출한 것인지, 주문계약(Purchase Order, PO)을 체결할 여지가 있는지 등이 중요하다. 또, 이러한 계약이 단순히 한 기관의 이벤트로 체결되었는지, 혹은 기업이나 팀이 자체적으로 상대 기업에 컨택하여 일궈낸 것인지도 눈여겨볼 점이 될 것이다. 양해각서 역시 기업이 뛰어들고자 하는 분야와 직접적인 관련이 있고, 서로 윈윈할 수 있는 상대와 체결했을 때 의미가 있다. 양해각서는 남발하는 경우도 많아 어떤 취지와 뜻에 따라 진행되었는지가 중요하다.

제 4장

업의 본질

영위하고자 하는 업의 본질이 무엇인지,
시장을 잘 이해하고 이에 따른 BM을 명확하게 설명할 수 있어야 한다.

"나는 대기업 출신"

"대표인 저를 포함한 우리 팀은 OO 출신으로, 해당 분야에서 다년간 일한 경험으로 풍부한 지식을 가지고 있습니다."

산업계 출신의 대표님들을 만나면 위와 같은 말을 자주 들을 수 있다. 특정 산업에서의 경험이나 지식, 그리고 네트워크는 스타트업을 시작하는 데에 굉장히 큰 자산이 될 수 있다. 이는 투자 검토 시에 긍정적으로 생각하는 부분 중 하나가 된다. 물론, 영위하고자 하는 업에서 유리한 위치에 있을 수 있기 때문에 긍정적으로 생각하는 것이지, 이것이 사업의 전부는 아니다.

그렇기에 출신을 강조하다보면 서로 다른 생각을 하게 된다. 물론 대표는 시장 분야를 자기가 가장 잘 안다고 생각할 수 있다. 하지만 투자심사역은 출신 그 자체보다는 그 출신이 사업과 직접적으로 어떻게 연결되는지를 알고 싶어한다. 예를 들면 어디 출신이라기보다 그곳에서 어떤 일을 해왔는지, 어떤 제품이나 서비스를 개발했는지, 이전 업무 경험을 통해 쌓은 네트워크가 지금도 유효한지,(퇴사하면서 네트워크가 단절될 가능성이 있기 때문이다) 친정기업으로부터 지원을 받을 수 있는지 등이 궁금하다. 기술 관련 분야일수록 이전 직장과 기술적 다툼이 생길 여지가 없는지도 중요하게 보는 요소 중 하나다.

한 번은 상장 경험이 있는 대표님을 뵌 적도 있었다. 엑싯하고 새로운 사업을 하고 계셨는데, 사실 처음에는 기대가 매우 컸다. 그러나 이전 사업과는 당연히 분야나 규모가 달랐음에도 새로운 사업을 하는 대표라는 인상은 잘 받지 못했다. 처음 시작하는 마음을 갖기 힘들었던 것일까? 개발은 잘 마쳤지만 실제 매출로 이어질 만한 사업 성과는 나오지 않았고, 주위의 협업 조언도 성사되지 못했다. 과거의 경험이나 지식은 분명히 장점이다. 다만, 그것을 토대로 지금 상황에 맞게 녹여내야 살아남고 성장할 수 있다.

우리 회사의 자문단

　스타트업은 뭔가 획기적이고, 참신하고, 활력이 가득할 것 같은 느낌이 있다. 수평적인 조직문화나 자유로운 워라밸을 떠올리기도 한다. 그러나, 실제로 사업 성과를 기준으로 보면, 아무리 전력을 다해도 성공 확률이 낮은 게 현실이다. 그만큼 치열한 것이 스타트업이다. 사업적 실패를 줄이기 위해 스타트업들은 멘토를 찾고 자문을 구한다. 간혹 팀 소개에 자문단을 포함하기도 한다. 하지만 사실 멘토는 굉장히 조심스럽게 접근해야 할 부분이다. 과연 그 멘토는 이 스타트업에 적합한 분일까? 본 사업과 정말 관련이 있고, 자문에 힘을 써주는 분일까? 그리고 기업은 이 멘토에게 어떤 베네핏을 약속하고 있을까?

　스타트업 업계는 굉장히 좁다. 특히, 대한민국은 더욱 그러하다. 멘토라는 이름으로 자문해 주는 분들 중에는 이름만 여기 저기 걸고 계시는 분들도 있다. 실질적으로 어떤 도움을 주고 있는지 명확히 해야 한다. 자문단이 빵빵하니 회사는 곧 성장할 것이다라는 식의 전개는 좋지 않다. 자문단의 명단이 핵심이 되어서는 안 된다.

　참고로, IR 자료에 어떤 전시회에서 대통령, 장관, 시장 등 고위공무원이 제품이나 서비스를 만지작거리며 흐뭇해하는 사진은 빼 주면 좋겠다. 그것이 사업의 본질은 아니다. 그들도 관심이 있을 만큼 훌륭한 제품이나 서비스라고 말하고 싶겠지만, 사실, 사업과 연계될 후속조치가 발생할 가능성은 낮다. 혹시 정부나 지자체에서 정말로 밀어줄 가능성이 있다면, 현재 관계부처와 어떻게 협의가 진행되고 있는지를 서술하는 것이 훨씬 낫다.

DB(Database) & AI(Artificial intelligence)

투자에는 분명 트렌드라는 것이 존재한다. 예를 들어, 몇년 전에 3D 프린팅 기술에 대한 투자라든지, 블록체인 기술, 4차 산업혁명 관련 분야 등 말이다. 특히, 최근 검토를 하는 IR 자료들에는 AI 기술이나 DB를 활용하여, 사업의 차별성/확장성을 언급하는 경우가 많다. 그리고 비대면이라는 것까지. 결론부터 말하면, 반드시 도움이 되는 건 아니다.

'어떤 기업에 투자할까?' 라는 질문을 던져보면 명확하다. 당연히 급성장이 기대되며, 이익 실현이 가능할 것으로 판단되는 기업에 투자할 것이다. AI 기술이나 DB 활용이 핵심이라면, 그 기술이 논리적이고 현실적일 때 높은 점수를 얻을 수 있을 것이다. 그러나 핵심기술이 아니고 관련이 없는데도 단지 트렌드라고 생각하여 이를 IR 자료에 포함한다면? 다른 좋은 부분까지도 폄하될 우려가 있다. 더 나아가, AI나 DB에 대해 깊은 질문이 나왔을 때 제대로 답변하지 못하면 더욱 난감해진다.

이전에 미팅했던 하드웨어 기반의 안전 교육 전문 기업 예시를 들고 싶다. 그 기업은 VR/AR기술을 접목하여 개발한 콘텐츠로 교육을 진행하는 곳으로, 주로 기업체나 지자체 교육기관 등의 니즈에 맞았다. 꼭 필요한 교육 분야라 IR을 듣는 동안 다음 내용이 궁금해질 정도로 관심이 갔다. 그런데 그다음, AI 기술을 접목하여 다음 성장을 도모한다는 내용이 나와서 당황스러웠다. 구체적인 내용은 없었기에 사석에서 AI 기술을 어떻게 활용할 것인지 한번 물었다. 그러자 아직 기획 단계이긴 하나, AI 이미지 센싱을 통해 피교육자의 나이, 성별 등으로 아이덴티티를 판단하여 맞춤 교육을 진행하려고 한다는 대답이 돌아왔다. 사실, 필자로서는 잘 이해가 되지 않는 답변이었다. 그냥 피교육생에 맞는 콘텐츠를 직접 선택하게 하거나 기업 차원에서 제공하면 될 일이었다. 굳이 AI 기술을 따로 개발할 필요가 없었다. 이를 구축하기 위한 시간과 비용이 모두 낭비가 아닐까 싶은 생각까지 들었다. 무엇보다 이런 생각을 한 대표의 능력을 의심하게 되기도 해, 무척 안타까웠다.

서비스 플랫폼 형태의 사업을 기획하거나 운영 중인 스타트업의 대표님들은 꼭 DB에 대해서 말씀을 하시는 것 같다. 아마도 데이터 거래와 관련된 사례를 들었거나, 정부가 데이터 지원 사업을 활성화하겠다고 발표하고 나서부터인 것 같다. 내용은 대체로 비슷비슷하다. 수집한 데이터를 판매하겠다. 혹은 수집한 데이터를 통해 다른 사업을 확장하겠다. 이렇게만 들으면 그럴듯한 사업 같지만, 먼저 두 가지 의문이 든다. 정말 이 데이터를 수집하고 정제할 역량이 있는 시스템과 조직이 존재하는가? 그리고 이 데이터에 대해 금액을 지불할 의사가 있는 수요자가 정말로 존재하는가?

실제로 의미있는 데이터 판매가 이루어지고 이를 통해 상호 win-win하기는 굉장히 어렵다. RAW Data를 처음부터 기획해서 쌓기란 정말 어렵기 때문이다. 지속적인 구매 수요가 발생해서 데이터를 거래하고 있는 스타트업 중 한 곳은, 광고 분야에서 필요로 하는 데이터를 앱 프로파일링(Application Profiling)과 GPS(Global Positioning System)를 결합하여 가공해서 제공하는 사업을 펼치고 있다.

다시 돌아가서, 중요한 것은 기술적 트렌드가 아니라 사업의 본질이다. 경우에 따라 이슈가 되는 기술을 언급하면 처음에는 주목받을 수 있다. 하지만 궁극적으로는 그 기술을 통해 어떤 사업을 펼칠 수 있는지가 가장 중요하다. 가끔 투자 대상을 찾는 펀드나 어떤 지원사업에서 특정 기술이 접목된 비즈니스 모델을 찾는 경우가 있다. 그렇다고 하더라도, 굳이 'AI 기술을 접목한~' 등으로 사업을 소개할 필요는 없다.

수상실적, 많을수록 좋을까?

우리나라는 정부나 지자체, 민간기업에서조차 창업하려는 사람들에 대해 지원을 아끼지 않고, 좋은 기업을 발굴하기 위해 다각도로 노력하고 있다. 데모데이, 창업경진대회, 지원사업 등 스타트업의 사업에 힘을 보태기 위한 프로그램들이 많이 있으며, 이 중 상당수는 국민의 세금으로 이루어지고 있기도 하다. 초기 스타트업일수록 아직 사업직 성과가 가시화되지 않은 부분이 있기 때문에 수상실적을 IR 자료에 담기도 한다. 수상실적은 굉장히 값진 것이다. 많은 심사위원이 그 사업의 가치를 인정했을 것이고, 스타트업은 이를 준비하는 과정에서 사업에 대한 조언을 받거나 지적받은 내용을 보완했을 것이기 때문이다. 그렇다면 수상실적은 많을수록 좋을까? 결론부터 말하자면, 절대 아니다.

투자자들이 원하는 것은 기업의 본질이다. 기업은 재무 이익을 얻기 위해 사업을 영위해야 한다. 어떤 가수가 오디션 프로그램에만 나가고 앨범을 내지 않거나 공연을 하지 않는다면 어떨까? 처음 몇 번이야 프로그램에서 볼 수 있겠지만, 이런 행동이 계속될수록 대중들은 그 가수가 본업을 게을리한다고 생각할 수도 있다. 마찬가지다. 기업이 사업에는 소홀하고 지원사업이나 데모데이만 준비한다는 생각이 들면 어떨까? 스타트업 신에도 상금 헌터가 존재한다. 사업을 실제화하는 대신 IR 자료나 사업계획서를 계속해서 다듬으며 각종 대회에 출전해 상금만을 노리는 것이다. 실제로 필자가 심사위원으로 갔던 대회에서도 몇 번 반복적으로 목격한 기업이 있었다. 이런 기업을 보면 긍정적인 인식을 갖기는 어렵다.

수상실적이 있다면, 2~3개 정도 가장 높은 성적이나 의미가 있는 것으로 열거해 주면 좋겠다. IR 자료에서 수상실적을 꼼꼼하게 살펴보지는 않는다.

"많은 지도편달 부탁드립니다."

제가요?

굉장히 감사하지만, 한편으로는 난감하다.

투자자의 자금과 네트워크를 통해 벤처 기업이 성장할 기회를 얻는 것은 매우 중요하다. 그래서, 투자자와 어떤 관계를 맺고 상호간 어떤 역할을 한다는 암묵적인 합의가 필요하다.

드물긴 하지만, 어떤 스타트업에서는 투자 협의 초반에 투자자와 메일을 주고받으면서, 예의상 잘 부탁한다는 의미로 '많은 지도편달 부탁드립니다' 같은 말을 하는 경우가 있다. 어떤 의미인지 잘 모르겠다. 이런 문장은 받는 사람에 따라 굉장히 부담스럽고 오해의 소지도 많다. 멘토가 되어달라는 것일까? 아이디어만 있으니 대신 사업화를 꾀해달라는 것일까? 어떤 생각이든, 투자자와 기업 사이에서 각자가 맡은 역할과 향후 프로세스에 부담스러운 영향을 미치는 것은 확실하다. 만약 스타트업 대표님이 투자자보다 연배가 많은 상황에서 그런 말씀을 하신다고 해도, 겸손한 마음으로 잘해보고 싶은 마음보다는 '약간 올드한 느낌이네', '이 사업을 잘 끌고 나갈 수는 있으실까' 하는 생각이 앞서게 된다.

또, 요즘은 많이 나아졌지만, 몇 년 전까지만 해도 이러한 조언이나 멘토링을 당연하게, 공짜로 생각하는 스타트업들도 많았다. 오죽하면 농담조로 '대한민국의 스타트업 멘토링은 가장 단가가 쎈 공공근로다'

라는 말도 있었을까. 정부가 대부분의 지원 사업에서 멘토링 비용을 지원하다 보니 일부 스타트업 대표들이 이를 당연하게 여기는 경향도 생겼다. 반대로, 자신의 비즈니스를 객관적으로 점검할 수 있는 소중한 기회인데, 바쁘다는 핑계로 직원을 대신 보내는 경우도 있었다.

액셀러레이터에게 지원사업은 단순한 매출 수단이 아니다. 지원사업을 통해 발굴한 스타트업과 프로그램을 함께 운영하며 깊이 있게 검토하고 정말 미래 가능성이 높은지를 판단하는 것이며, 대표의 태도와 의지는 결국 최종 투자 심의에 반영된다는 점을 명심하자.

제 5장

투자자를 만난다는 것

투자자를 만난다는 것은 네트워크를 만드는 것이다.

경쟁사 비난

데모데이나 각종 창업 지원 사업, 또는 창업보육기관 입주 등 심사위원 들이 꼭 물어보는 몇 가지 중 하나는 경쟁자에 대한 부분이다. 대체로 경쟁자에 대해 물어보는 이유는, 이 스타트업이 경쟁자를 명확히 인식하고 있는지, 경쟁자와 차별성은 어떻게 갖추어 나갈 것인지, 얼마나 준비되어 있는지 궁금하기 때문이다. 꼭 경쟁사와의 경쟁에서 이겨야 한다는 의미가 아니다. 경쟁사와 협업할 수도 있기 때문이다.

그런데 이와 같은 질문의 초점이 약간 흐려지도 한다. 생각보다 많은 대표가 경쟁자와의 차별성을, '경쟁자가 잘못하고 있는 점'이라고 생각해 대답한다. 경쟁자가 이렇게 잘못하고 있기 때문에 우리 기업이 더 잘 될 것이라는 식으로 답하는 것이다. 따라서 경쟁자를 어떤 방법으로 이

기겠다는 방법론적인 답변보다는 경쟁자와의 다른 점, 앞으로 발전해 나갈 방향을 대답하는 것이 더 좋다. 경쟁사를 깎아내리는 게 좋은 인상을 줄 리 없다. 심지어, 투자자가 그 경쟁사를 알거나 이미 투자를 진행한 상황이라면 더더욱. 심사 자리만 두고 이야기하는 것이 아니다. 일반적인 투자 미팅에서도 마찬가지다. 이 시간은 기업과 투자자가 '투자'를 통해 함께할 수 있는 사이인지를 가늠해 보는 시간이라는 것을 잊지 말자. 상식적으로만 생각해도 타인을 폄하하는 행위는 누구에게나 좋은 감정을 남길 리 없다.

우리 기업은 경쟁사와 어떤 차별점이 있는지 설명할 때는, 2X2 기법을 통해 도식화하면 효과적이다. 경쟁자의 장단점을 분석하는 방식은 자칫 우리 기업의 약점을 부각시키는 결과로 이어질 수 있다. 경쟁자의 장점이 산업의 핵심이라든지, 경쟁자의 단점이 극복할 수 있는 것이라 우리 기업보다 더 낫다는 판단을 불러일으킬 수도 있다.

Next Series

"최근에 소개로 만난 PE 운용사와 미팅이 잘 되어, 향후 성장하게 되면 우리 회사에 투자할 것이다."

"제가 아는 분의 누가 투자사 대표인데 라운드 맞춰오면 투자하기로 얘기되었다."

심사역이라면 많이 들어봤을 말이다. 현재가 아닌 다음 단계의 투자를 논의하는 것은 바람직하지 않다. 현재에 집중해서 얘기가 되어야 한다. 물론, 더 큰 투자사에서 비지니스 모델을 긍정적으로 판단했다는 레퍼런스를 전달하고 싶었을지도 모른다. 또는, 정말 그 말이 사실일 수도 있다.

그러나 결론적으로 벤처기업이 이런 말을 꺼내어 현재의 투자를 클로징하겠다는 의도라면 크게 도움이 되지는 않는다. 투자사들은 절대 투자를 약속하지 않는다. 계약서를 쓰고도 파기되는 게 투자다. 이런 말은 대개는 정중한 거절일 가능성이 높다. "너무 좋은 사업 아이템이네요. 다만, 현재는 저희와 맞지 않아서 조금 더 밸류가 되면 좋을 것 같아요."

정말 긴밀한 관계라서 투자 결정권자가 직접 투자 의사를 밝혔다면, 투자 방식에 대해서는 논의가 안 되었을 확률이 높다. 추후 기업에 불리한 조건으로 투자가 진행될 수도 있다.

투자자가 정말 투자할 의향이 있는 것처럼 보인다면, 최소한 투자의향서(Letter of Intent, LOI)를 확보하라. 물론, 법적 구속력은 없다. 투자확약서(Letter of Commitment, LOC)를 얻을 수 있다면 베스트이다. 현실적으로는 둘 다 요구하기도, 받아 내기도 어려울 것이다. 정말 매우 어려울 것이다. 그렇기에 더더욱, 투자자의 말을 그대로 받아들이거나 확대해석하지 않는 것이 좋다.

"IR 자료 좀 봐주세요"

> 엘리베이터 피치(Elevator Pitch)
> 엘리베이터를 타는 정도의 짧은 시간 내에 회사를 설명한다는 뜻이다. 아이디어와 제품, 회사에 대하여 간략히 상대방에게 설명하는 것으로, 대개 30초~1분 정도의 시간 내에 상대방의 관심을 최대한 끌어내어 애프터 미팅을 잡도록 하는 것이다.

우연히 또는 소개로 투자자를 만난 자리에서 한 번에 너무 많은 것을 보여주려고 하는 것 보다는 관계를 만들어가면서 회사와 산업에 관심을 갖도록 하는 것이 중요하다. 투자자들은 새로운 것을 경험하고 보는 것을 좋아하는 사람들이다.

그런데, 한 번은 굉장히 당황한 적이 있었다. 네트워킹 자리에서 우연히 인사를 하게 된 한 스타트업 대표님이 메일을 주셨었는데, IR 자료가 잘 작성되었는지 보고 피드백을 주면 좋겠다는 것이었다. 분명히 네트워킹 자리에서 인사할 때는 간단한 IR 자료를 보내줄 테니 관심이 있으면 추후 미팅을 하자고 이야기를 나눴기 때문이었다. 혹시 나에게 메일을 잘못 보내신 걸까? 문의해 보니, 처음 IR을 하는 거라 이런 식으로 작성하면 좋을지 확인해서 코멘트도 주면 좋겠다는 답변이 왔다.

투자자들이 하루, 일주일, 한달, 1년에 검토하는 기업이 몇 곳일까? 아주 가볍게 훑어보는 것부터 깊게 들여다보는 것까지 천차만별이겠지만, 초기 투자자일수록 굉장히 많은 수의 기업을 검토한다. 한 벤처캐피털은 이미 검토해야 할 건들이 계속 쌓이고 있어서 메일함을 열어보기도 무서울 지경이라고 고백한 적이 있다. 그는 지금 자료를 받아도 급한 요청이 아니라면 3주는 지나야 검토를 시작할 수 있다는 말을 했었다.

이런 상황에서 투자 판단이 아닌, IR 자료가 얼마나 잘 작성되었는지 검토하고 피드백을 달라는 부탁은 여간 부담스러운 일이 아니다. 물론 이런 요청에도 잘 대응하시는 훌륭한 VC 심사역도 있지만, 이러한 일은 중요한 일이 아닌 부차적인 일임에는 틀림없다. 요청의 방향이 잘못된 것이다.

Multi company

사업체가 여러 개 있다고 자랑하는 대표님이 있었다. 하나는 판매 법인이고, 하나는 제조 법인이고, 하나는 플랫폼 개발이라고 자랑하듯이 설명해 주었다. 그러면서, 어떤 법인으로 투자를 받는 것이 좋겠냐고 의견을 구했다. 또 어떤 대표님은 자본금 5억짜리 법인이 하나 있는데 이거를 살려서 투자를 받는 건 어떠냐는 얘기를 한 적도 있었다. 상당히 난감하다. 어느 정도 성장을 한 기업의 경우, 사업부를 분사하기도 한다. 하지만 스타트업이라면 사업부를 별도 법인으로 운영하는 방식은 적합하지 않다. 여러 문제가 야기될 가능성이 높으며 투자하는 입장에서는 리스크라 여길 만한 부분들이 많다.

먼저, 법인만 다르고 하나로 운영되는 경우 상법상 회계처리 문제가 발생될 수 있다. 법인이 다르다면 다른 법인에 맞게 운영이 되어야 한다. 그러나 분명히 법인만 다르고 한 회사처럼 운영될 것이고, 경영지원을 비롯하여 재무회계 업무는 다른 법인의 업무까지 전부 담당할 것이다. 이로 인해 회계상 오류가 발생할 여지가 생긴다.

또한 투자하는 입장에서 투자금의 사용처가 해당 법인에 한정되어야 하는데 이를 통제할 수 없는 리스크가 발생할 수 있다. 가령 같은 회사처럼 세금계산서 발행으로 매출을 발생시킨다든지, 비용을 한 쪽으로 몰아넣는다든지, 투자금을 다른 쪽에 출자한다든지 등이다.

명확히 인적/물적 분할되어 영위하는 사업이 다른 법인이 아니고서는 투자자가 선호하는 형태가 아니라는 점은 분명하다. 이를 고려하지 않더라도, 이로 인해 회계상 오류가 발생할 여지가 생긴다. 대표가 여러 사업을 병행한다는 것은 곧 하나의 사업에 집중하지 못한다는 인식을 줄 수 있다.

다른 제안

　스타트업이 만나는 벤처캐피털이나 각종 금융기관 등 투자기관 담당자(심사역)의 역할은 정확히 말하면 투자가 아니라, 투자 자금 운용이다. 다시 말하면 이들은 자금의 주인이 아니고, 자금을 위탁받아 운용한다. 그렇기 때문에 이들은 어떤 투자를 진행할 때도 단독으로 결정할 수 없고, 투자에 따른 별도의 이득을 취해서는 안 된다.

　일전에 스스로 '회장'이라 소개하는 분과 미팅을 한 적이 있다. 스타트업 생태계에는 이런 분들이 적지 않다. 대개 과거에 사업을 수차례하셨던 분들이나, 대기업 임원을 거친 분들, 금융권에서 오랫동안 경력을 쌓은 분들이고, 필자는 솔직히 만나기 꺼려지는 바가 없지 않다. 어쨌든, 이 분은 좋은 스타트업이 있으니 투자 검토 혹은 투자 유치와 관련된 의견을 구하고 싶다고 했다. 본인은 이 스타트업의 임원으로 되어 있으나 실제로는 더 적극적으로 경영에 참여하고 있으며, 대표는 자기와 막역한 사이라는 것이다. 기업의 현황과 영위하고 있는 사업에 대해 간략한 설명을 듣고 좀 더 파악을 해보면 좋겠다는 생각이 들었다.

　그때, '회장'님이 다른 제안을 했다. 이번 투자만 잘 유치되면 매출과 이익이 크게 성장할 테니, 한 번 도와주면 이 은혜는 잊지 않고 별도로 성의 표시를 하겠다는 것이었다. 굉장히 불쾌했다. 그리고 이어서, 본인이 관련돼서 하고 있는 다른 기업이 있는데 여기도 수익성이 좋다는 것이다. 특히 앞으로 만들어갈 비지니스에 참여할 수 있도록 편의를 봐줄 테니 같이 이익을 쉐어하자는 말까지 했다. 한숨이 절로 나왔다. 그 자리에서 박차고 일어나지는 못했지만, 정중히 미팅을 마무리하고 자리를 떴다. 돈만 있으면 당장의 사업이 잘 될 것 같아도 그렇지 않은 경우가 더 많다. 지금의 자금 유치를 위해 꺼내지 말아야 할 다른 제안까지 하는 것은 오히려 신뢰를 무너뜨리고 안 좋은 선입견을 심어준다.

여기저기 사업을 만들고 다니는 사람들이 있다. 사실, 사업을 만드는 것인지 브로커리지를 하는 것인지는 잘 모르겠다. 지금껏 이렇게 만난 사람들의 공통점은 매번 만날 때마다 사업의 내용이 바뀌어 간다는 것이다. 그리고 어느 하나 제대로 끌고 나가는 것을 본 적이 없다. 정말 잘 돼서 좋은 기업가가 되기를 바란다.

제 6장

선호하는 스타일

투자자들은 저마다의 성향이 있다. 선호하는 형태의 기업이나, 투자 고려 시에 중요하다고 생각하는 부분들도 저마다 다르다.

선호하는 대표 스타일

앞 장에서는 대화를 통한 내용을 주로 예로 들어보았다. 그리고 투자에 대한 정량적이거나 기술적인 부분도 이야기하였다. 그러나 사실 투자는 결국 사람이 하는 일이기 때문에 정량적인 요소만으로는 결정되지 않는다. 마지막으로 결정하는 순간에는, 정성적인 부분이 상당히 많은 영향을 끼친다. 그래서일까, 대표 스타일, 기업 형태, 사업 분야, 비즈니스 형태까지 투자자가 선호하는 타입이 모두 다르다.

하지만 보편적으로 투자자들이 선호하는 대표는 스마트한 대표다. 영위하고자 하는 사업이 어떤 분야인지에 따라 다르겠지만, 말이 잘 통하거나 이 대표가 정말 잘 알고 있다는 느낌을 받는다면 확실히 투자가 진행될 가능성이 높다. 초기 기업일수록 대표의 역량이 결정적이므로, 이를 중점적으로 평가하는 경우가 많다. 여기에 스마트한 팀원들까지 힘이 되어 준다면 금상첨화다. 스마트한 대표님들의 특징 중 하나는 명확한 비전을 논리적으로 제시한다는 점이다. 앞으로 어떤 세상이 펼쳐질 것이고, 여기에서 우리 기업의 역할은 어떻게 될 것인지 망상이 아닌 현실적인 얘기를 한다. 어차피 지금 모습을 평가받기 위한 자리는 아니다. 그렇기에 매력적인 사람에 끌리는 것은 당연한 것일지도.

스타트업이 대기업과 다른 차별성이라면, 팀원, 구성원들이 대기업 임직원에 비해 호기심이 많고, 추진력이 있다는 것이다. 그래서 린하게 사업을 진행할 수 있다. 재빠르게. 그래서인지 이에 따르는 실행력이 굉장히 중요하다. 대기업에서는 한 달 걸리는 의사결정이, 스타트업에서는 하루 만에 이루어질 수 있다면 그게 정말 큰 역량이라는 것이다. 그게 정말 큰 역량이 된다. 그래야 살아남을 수 있다. 거대한 공룡보다 재빨라야 한다.

따라서 나는 어떤 스타일로 보일지, 어떻게 브랜딩할지 고민하는 것도 중요하다.

꺼려지는 대표 스타일

　반대로, 조금은 꺼려지는 대표님들이 있다. 이것 역시 분야나 기업 단계에 따라 다를 수 있다. 먼저, 조직 생활 경험이 없는 대표님, 즉 학생 창업이나 교수님, 특히 은퇴를 앞둔 교수님 등과 같이 근로 경험이 없는 대표님이라면, 투자를 검토하기가 굉장히 부담스럽다. 물론, 바이오나 특정 영역에 따라 다르다. 학생이어도 뛰어난 아이디어와 추진력으로 진행하는 경우도 있다. 그럼에도 부담스러운 이유는, 스타트업이 제품이나 서비스를 제공하는 건 당연하지만, 조직운영도 잘해야 하기 때문이다. 초기에는 잘 성장해도 중기 이후 조직 운영상 문제가 발생하거나 다음 단계의 성장, 즉 비즈니스 확장을 이루지 못한다면 투자자는 투자하기 어렵다는 생각이 들 수밖에 없다. 잘 생각해 보라. 유니콘 기업도 마찬가지다. 가장 우수한 기술을 보유하고 있어서 유니콘이 된 기업보다는 운영 능력을 바탕으로 소비자와 잘 소통해 유니콘이 된 기업의 경우가 더 많다. 따라서, 이러한 부분에서조차 성장할 수 있는 대표라는 것을 보여줄 수 있어야 한다.

　그리고, 투자심사를 재촉하는 경우가 있는데, 궁금하고 애가 타도 조금 기다려주면 좋겠다. 물론 스타트업 역시 많은 투자자를 만나야 한다. 한 투자자에 얽매이지 말고. 투자검토는 매우 오랜 시간이 걸린다. 그리고 심사역은 우리 기업만 검토하지 않는다. 그렇기에 정말 검토에만 두세달 소요될 수 있고, 투자가 결정되는 프로세스에 시간이 더 소요될 수 있다. 이러한 것을 독촉하면, 심사역도 사람인데 지친다.

마지막으로, 정말 놀라운 스타트업 대표를 이야기하고 싶다. 사업 결정을 직접 하지 않는 대표다. 그 대신 결정을 내리는 사람은 자문위원이나 대주주, 심지어는 부모님인 경우도 있다. 물론 사업을 두고 의사결정을 할 때면 많은 고민이 생기기 때문에 조언을 구하는 일은 분명 필요한 일이다. 하지만 정말 결정을 미루는 경우도 있으니, 이렇게는 되지 않아야 하겠다.

한 여인이 사랑하는 남자에게 용기를 내어 고백한다. "사랑한다. 결혼하고 행복하게 살고 싶다." 그런데 남자가 이렇게 대답한다고 해보자. "잠깐만! 엄마한테 물어보고 올게." 당신이라면 어떤 생각이 들까?

제 7장

애자일과 스크럼

스타트업 대표들이 가장 고민하는 부분 중 하나는 팀을 어떻게 구성할 것인가이다. 애자일과 스크럼은 단순한 프로젝트 관리 도구를 넘어, 스타트업의 문화와 성장 전략을 설계하는 핵심 수단이다. 실제로 수많은 액셀러레이터 프로그램에서 강조하는 조직문화의 핵심을 경험담 기반으로 풀어보겠다.

01) 애자일 팀빌딩의 시작은 '권한 위임'부터다

초기 스타트업에서 가장 흔히 발생하는 실수는 창업자가 모든 결정을 혼자 내리려는 것이다. 내가 만난 핀테크 스타트업 대표는 매일 18시간씩 일하면서도 팀의 생산성이 떨어진다고 호소했다. 문제의 원인은 간단했다. 개발팀에게 기능 구현 권한은 주되, 기술 스택 선택 권한은 주지 않았기 때문이다. 해결책은 다음의 세 가지다.

1. 실무자의 결정권 범위를 문서로 명확히 정의한다.
2. 작은 실패를 허용하는 문화를 조성한다.

예시: 월간 실패 보고서 제도 도입 등

3. 권한 위임과 동시에 결과에 대한 공동 책임감을 부여한다.

실제로 이 대표는 백엔드 개발자에게 AWS 아키텍처 설계 권한을 위임한 후, 월간 인프라 비용이 40% 절감되는 성과를 얻었다.

02) 스크럼 도입시 반드시 지켜야 할 황금률

실리콘밸리 액셀러레이터 프로그램에서 강조하는 스크럼 운영의 핵심은 '일관성'이다. 매주 금요일 오후 3시, 모든 팀원이 모여 다음 주 스프린트 계획을 수립해야 한다. 이 시간은 아무리 바빠도 방해하지 말아야 할 중요한 시간이다.

성공적인 스크럼 운영 사례
- 3인 스타트업 알파테크는 매일 15분 스탠드업 미팅 시각을 11시로 고정
- 화이트보드 대신 Figma의 Agile 템플릿 활용 → 원격 근무자도 실시간 참여
- 스프린트 회고 때는 반드시 '가장 큰 실수' 1개씩 공유 → 개인적 자책보다 시스템 개선에 초점

이 팀은 스크럼 도입 3개월 만에 기능 개발 주기를 기존 6주에서 2주로 단축했다.

03) 파워풀한 팀원을 키우는 3단계 공식

우리 액셀러레이터에서 성공한 스타트업들의 공통점은 '자생적 리더'를 보유한 것이다. 이들은 단순히 업무만 잘하는 것이 아니라 조직 전체의 생태계를 고려한다.

파워플레이어 육성법

1. 거울 프로젝트: 신입 사원에게 창업자와 동일한 문제를 주고 해결책을 요구한다. 예를 들어 "우리 서비스의 가입 전환율을 5% 올리려면?" 같은 질문을 던진다.
2. 크로스-멘토링 시스템: 개발자가 마케팅 팀에게 코드 기초를 가르치고, 마케터가 개발팀에 고객 심리 분석법을 전수하는 방식.
3. 실패 포트폴리오 제도: 매 분기 가장 혁신적인 실패 경험을 공유하고, 이를 문서화하여 조직 지식으로 축적한다.

04) 확장 단계에서 반드시 체크해야 할 리스크 관리

시리즈 A 투자 유치 후 급격한 팀 확장을 겪은 헬스케어 스타트업 바이의 사례가 교훈적이다. 6개월간 팀 규모가 3배로 불어나면서 기존 애자일 문화가 붕괴되기 시작했다.

위기 극복 전략

- Scrum of Scrums 도입: 팀별 대표 1명이 모여 상위 목표 조율
- 문화 수호자(Culture Keeper) 임명: 팀 확장시 기존 문화를 지키는 전담 역할 생성

- 온보딩 키트 제작: 신입 사원용 애자일 문화 가이드북에 선배들의 실패 에피소드 수록

이러한 조치를 취하자 100인 규모에서도 주간 스프린트 달성률이 85% 이상 유지되며 안정적인 성장을 이어갔다.

05) 디지털 노마드 시대의 애자일 팀빌딩

포스트 코로나 시대에는 물리적 공간을 초월한 팀 운영이 필수다. 최근 주목받는 '하이브리드 애자일' 모델은 다음과 같다.

실시간 협업 도구 조합

- Miro : 가상 화이트보드로 아이디어 스케치
- Slack : #daily-scrum 채널에 스탠드업 영상 2분 셀프 녹화 공유
- Jira + Notion : 태스크 관리와 지식 공유 병행

중동 진출 AI 스타트업 딥스파이스는 전 세계 12개국 팀원과 위와 같은 시스템으로 운영하며, 타임존 차이를 극복하기 위해 '롤링 스크럼' 방식을 개발했다. 매일 24시간 동안 순차적으로 업데이트되는 공유 문서를 통해 실시간 협업을 구현한 것이다.

결론

애자일은 단순한 도구가 아니라 스타트업의 생존 전략이다. 최근, 투자자들은 더 이상 화려한 피치덱보다 팀의 실행력과 적응력을 평가한다. 애자일 문화는 단순한 방법론이 아니라 시장의 거친 파도를 헤쳐나갈 항해술이다. 주목할 점은 성공한 스타트업의 78%가 초기 단계부터 애자일 원칙을 조직문화에 심었다는 사실이다. 팀 빌딩은 영원히 완성되지 않는 작품과 같다. 매일 조금씩 개선하고, 실패를 두려워하지 않으며, 팀원 각자가 주인공이 될 수 있는 무대를 만들어가는 과정이다. 이것이 바로 투자 유치를 넘어 지속 가능한 성장을 이루는 핵심 열쇠다.

― 제 8장 ―

스타트업 생존법

영화 「짝패」에서 이범수가 맡은 필호가 다음과 같은 명대사를 내뱉는다. "살아보니께 말이여, 강한 놈이 오래 가는 게 아니라 오래 가는 놈이 강한 거더라고."

스타트업의 세계는 기회와 도전이 공존하는 흥미진진한 영역이다. 하지만 많은 스타트업이 초기 단계에서 실패하는 것이 현실이다. 대한상공회의소에 따르면 국내 창업 기업의 5년 차 생존율은 29.2%에 불과하다. 이는 10개 중 7개의 스타트업이 5년 안에 문을 닫는다는 의미이다. 그렇다면 어떻게 해야 스타트업이 살아남고 성장할 수 있을까?

팀 빌딩: 성공의 초석

스타트업의 성공에 있어 가장 중요한 요소 중 하나는 바로 팀이다. 좋은 동업자를 찾는 것이 생존의 첫 번째 전략이다. 필자의 경험에 비추어 볼 때, 학교나 직장 등 돌아갈 곳이 있는 사람들은 동업자로 적절하지 않다. 이들은 스타트업에 전력을 다하지 않을 가능성이 높기 때문이다. 대신 스타트업의 성장에 전념할 수 있는, 열정과 능력을 겸비한 동료를 찾아야 한다.

필자가 투자했던 한 스타트업의 경우, 공동창업자들이 모두 전 직장을 과감히 그만두고 창업에 뛰어들었다. 그들의 헌신과 열정이 결국 회사를 성공으로 이끌었다. 팀원 각자가 서로 다른 전문성을 가지고 있으면서도 공통의 비전을 향해 나아갈 수 있어야 한다. 이는 마치 오케스트라의 각 악기가 조화를 이루어 아름다운 선율을 만들어내는 것과 같다.

빠른 실행과 지속적인 혁신

두 번째 생존 전략은 제품이나 서비스를 빨리 출시하는 것이다. 완벽을 추구하다 보면 시장 진입의 타이밍을 놓칠 수 있다. 대신 최소 기능 제품을 빠르게 출시하고, 고객의 피드백을 받아 지속적으로 개선해 나가는 것이 중요하다. 이는 린 스타트업 방법론과도 일맥상통한다.

예를 들어, 페이팔의 경우 초기에는 PDA 기기 간 송금 서비스로 시작했지만, 고객의 니즈를 파악하며 점차 이메일을 통한 결제 시스템으로 진화했다. 이처럼 아이디어를 계속 발전시키고 시장의 변화에 민첩하게 대응하는 것이 스타트업의 생존과 성장의 핵심이다.

고객 중심 사고

　세 번째 전략은 고객의 입장에서 생각하는 것이다. 단순히 제품이나 서비스를 만드는 것에 그치지 말고, 실제로 고객의 문제를 해결하고 있는지 자문해야 한다. 필자가 만난 많은 성공한 스타트업들은 고객의 불편함을 개선하는 데 집중했다.

　예를 들어, 당근마켓의 경우 기존 중고 거래의 불편함을 해소하고자 했다. 근거리 기반의 거래 시스템을 도입함으로써 사용자들에게 편리하고 안전한 거래 경험을 제공했고, 이는 결국 월간 활성 사용자 수 1,800만 명이라는 놀라운 성과로 이어졌다. 고객의 니즈를 정확히 파악하고 이를 해결하는 솔루션을 제공하는 것, 이것이 바로 스타트업 성공의 핵심이다.

초기 고객 관리의 중요성

　네 번째 전략은 초기 고객을 VIP로 대우하는 것이다. 초기 고객은 제품을 가장 먼저 신뢰하고 사용해 준 존재다. 그들의 피드백은 금과 같이 귀중하며, 제품 개선의 핵심 자료가 된다.

　필자가 멘토링했던 한 B2B 스타트업은 초기 10개 기업 고객에게 특별한 관리 프로그램을 제공했다. 24시간 전담 지원팀을 운영하고, 분기마다 임원진이 직접 방문하여 피드백을 수렴했다. 이러한 노력 덕분에 초기 고객들의 만족도가 높아졌고, 그들의 추천으로 새로운 고객을 유치할 수 있었다. 초기 고객을 단순한 매출원이 아닌 동반자로 여기는 자세가 필요한 것이다.

명확한 성장 지표 설정

다섯 번째 전략은 무엇을 성장 지표로 삼을지 명확히 정하는 것이다. 단순히 매출 성장률만을 강조하는 것은 위험할 수 있다.

예를 들어, '매월 매출 성장률 200%'라는 수치는 근사해 보이지만, 실제로는 매출이 100만 원에서 300만 원으로 증가한 것일 수도 있다. 대신 고객 획득 비용(CAC), 고객 생애 가치(Lifetime Value, LTV),, 월간 활성 사용자 수(MAU) 등 다양한 지표를 종합적으로 고려해야 한다.

특히 단위 경제성(Unit Economics)을 면밀히 살펴봐야 한다. 고객 한 명을 획득하는 데 드는 비용보다 그 고객으로부터 얻는 수익이 더 커야 지속 가능한 비즈니스 모델이 되기 때문이다.

자금 관리의 중요성

여섯 번째 전략은 철저한 자금 관리다. 투자금을 유치했다고 해서 마음 놓고 쓰는 것은 금물이다. 투자금은 투자자의 돈이며, 회사의 성장을 위해 신중하게 사용해야 한다.

내가 본 많은 실패 사례들은 대부분 현금흐름과 자금 관리에 실패했기 때문이다. 한 스타트업은 시리즈 A 투자를 받자마자 호화로운 사무실로 이전하고 직원들의 연봉을 대폭 인상하고 근무시간을 단축했다. 하지만 예상했던 성장이 이루어지지 않자 불과 1년 만에 자금이 바닥나고 말았다.

반면 성공한 스타트업들은 대부분 초기에 극도로 절약적인 운영을 했다. 임대료 등 고정비를 아끼는 것은 물론 심지어 창업자들이 몇 개월간 월급을 받지 않고 버티기도 했다. 이러한 절제력이 결국 회사의 생존으로 이어진 것이다.

끈기와 인내

마지막으로, 가장 중요한 생존 전략은 바로 포기하지 않는 것이다. 스타트업의 여정은 결코 순탄치 않다. 수많은 거절과 실패를 겪게 될 것이다. 하지만 이러한 과정을 통해 배우고 성장할 수 있다.

에어비앤비의 창업자들은 초기에 무려 7번이나 투자 거절을 당했다. 하지만 그들은 포기하지 않고 계속해서 사업 모델을 개선했고, 결국 글로벌 기업으로 성장할 수 있었다. 실패를 두려워하지 말고, 그것을 배움의 기회로 삼아야 한다. 스타트업 세계에서 진정한 실패는 포기하는 순간에 찾아오는 것이다.

불경기를 기회로

흥미로운 점은 많은 성공적인 기업들이 불경기에 창업되었다는 것이다. 에어비앤비, 디즈니, IBM 등이 대표적인 예다. 이는 위기가 곧 기회가 될 수 있음을 보여준다. 불경기에는 오히려 우수한 인재 영입이 쉬워지고, 마케팅 비용도 줄일 수 있다. 또한 어려운 환경에서 시작했기에 더욱 효율적이고 혁신적인 비즈니스 모델을 만들어낼 수 있다.

결론

스타트업의 생존과 성장은 결코 쉬운 일이 아니다. 하지만 올바른 전략과 끈기 있는 실행으로 불가능한 것도 아니다. 좋은 팀을 구성하고, 빠르게 실행하고, 고객 중심으로 사고하며, 자금을 현명하게 관리하고, 끊임없이 혁신하는 자세가 필요하다. 그리고 무엇보다 포기하지 않는 정신이 중요하다.

스타트업의 여정은 마치 미지의 바다를 항해하는 것과 같다. 폭풍우를 만날 수도 있고, 때로는 방향을 잃을 수도 있다. 하지만 끝까지 포기하지 않고 나아간다면, 반드시 새로운 대륙을 발견할 수 있을 것이다. 여러분의 스타트업이 이 험난한 여정을 무사히 헤쳐 나가 성공의 땅에 도달하기를 진심으로 응원한다.

PART 4

스타트업 신의 속설

제 1장

잘되는 사례만 잘 따라하면 된다?

잘되는 데는 수만 가지 방법이 있다! 반면 안 되는 데는 명확한 이유가 있다! 운이 좋아서 성공할 수는 있지만, 운이 나빠서 실패하는 일은 없다!

스타트업 신에서 흔히 접하는 이야기 중 하나가 "성공한 기업의 사례만 잘 따라 하면 우리도 성공할 수 있다"는 이야기다. 솔깃한 이야기다. 실제로 성공한 스타트업의 이야기엔 매력적인 요소들이 가득하다. 사람들은 성공 스토리를 들으며 "우리도 저렇게 하면 되지 않을까?"라고 생각한다. 하지만 현실의 스타트업 생태계는 그렇게 단순하지 않다.

서울에서 AI 기반 헬스케어 스타트업을 창업했던 김 대표의 이야기를 들어보자. 김 대표는 창업 전부터 성공한 스타트업의 스토리에 매료되어 있었다. 특히 미국에서 성공한 AI 헬스케어 기업의 성공 사례를 접한 이후 그의 눈빛이 완전히 달라졌다. 그는 자료를 찾고, 관련 기업을 조사하며, 투자자들 앞에서 해당 기업 사례를 완벽히 설명하는 데 성공했다. "미국의 사례를 그대로 한국에 가져오면 무조건 성공할 수 있다!"라는 그의 확신에 투자자들도 처음엔 고개를 끄덕였다.

초기 투자 유치가 성공적으로 이루어졌고, 사무실도 강남 한복판에 멋지게 오픈했다. 직원들은 "우리가 유니콘의 시작점이 될지도 몰라!"라며 기대감을 표했고, 김 대표 역시 의욕이 넘쳤다. 마치 모든 것이 계획대로 흘러가는 듯했다.

하지만 현실은 냉정했다. 제품을 시장에 출시하고 한두 달이 지나자 뭔가 이상했다. 미국에서 성공했던 전략과 방식들이 한국 시장에서는 좀처럼 통하지 않았다. 고객의 반응은 기대보다 미미했고, 매출 역시 목표에 한참 미치지 못했다. 시간이 지나도 상황은 나아지지 않았고 결국 1년이 채 되지 않아 투자금도 바닥이 났다. 김 대표는 결국 회사를 닫아야 했다.

김 대표가 놓친 것이 무엇일까? 바로 성공한 스타트업의 사례만 연구하고, 실패한 스타트업의 교훈을 충분히 살피지 않았던 점이다. 성공의 길은 무궁무진하다. 우리가 잘 아는 네이버와 카카오, 쿠팡 등 대한민국을 대표하는 기업들도 서로 전혀 다른 전략과 방식으로 성공을 이뤄냈다. 성공한 기업들은 서로 다른 전략으로도 성공했지만, 실패한 기업들의 공통점은 꽤 뚜렷하다. 고객의 니즈를 정확히 파악하지 못하거나,

시장의 흐름을 잘못 읽거나, 수익 모델이 불분명하거나, 혹은 자금 관리를 소홀히 했거나 하는 것들이다.

이와 관련해 업계에서 오랜 경험을 가진 한 벤처투자자는 김 대표의 사례를 듣고 이렇게 이야기했다. "성공 사례만 맹목적으로 따르는 건 위험합니다. 왜냐하면 성공 사례는 특정 시기, 특정 상황에서 우연과 필연이 겹친 결과이기 때문입니다. 대신 왜 실패했는지 명확하게 이해하고, 그 실패의 지점을 피해 나가는 것이 더욱 확실한 성공 전략이 됩니다."

스타트업계에서 또 흔히 듣게 되는 또 하나의 이야기가 있다. 바로 '운'이다. 성공한 많은 창업가들이 종종 "운이 좋았다"고 말한다. 서울 강남에서 유명 온라인 배달앱을 창업해 성공시킨 박 대표의 사례도 흥미롭다. 박 대표는 초창기만 해도 눈에 띄는 성공을 이루지 못했다. 주변에서는 "굳이 이 치열한 배달앱 시장에서 성공할 수 있을까?"라는 의구심이 컸다.

그러나 팬데믹이 시작되면서 상황이 급변했다. 사람들의 외출이 줄고 배달 수요가 폭발적으로 증가하면서, 박 대표의 회사도 급성장했다. 매출은 순식간에 몇 배 이상 증가했고, 결국 국내 대표적인 배달앱 중 하나로 자리매김하게 되었다. 이때 박 대표 주변에서는 "운이 좋아서 성공했다"며 겸손한 말을 했다.

하지만 박 대표는 내심 운에만 의존한 성공이라고 생각하지 않았다. 그는 이렇게 설명한다. "성공의 순간에는 분명 운이 따라줄 수 있습니다. 하지만 실패할 때는 운 때문이 아니라, 결국 자신의 실수 때문이죠. 시장 분석이 부족했거나, 전략이 잘못되었거나, 고객의 목소리를 외면했던 것이죠. 결국 실패는 우연히 찾아오지 않습니다."

이처럼 스타트업 신에서 흔히 들리는 "성공 사례만 따라 하면 된다"는 말은 절반만 진실이다. 성공의 길이 다양한 만큼, 성공만 따라 하다 보면 자신의 길을 잃을 수도 있다. 오히려 실패한 스타트업의 사례를 철저히 분석하고, 명확한 실패의 공식을 피해 가는 전략이 더욱 중요하다. 이제부터라도 성공 사례만큼이나 실패 사례에도 진지한 관심을 가져보는 건 어떨까?

제 2장

스타트업의 무기는 많으면 많을수록 좋다?

50억짜리 BM 10개 보다 300억짜리 비즈니스 모델 한 방이 더 낫다!

　스타트업 세계에는 "할 수 있는 건 다 하는 게 좋다", "아이템은 많을수록 성공 확률이 높다"라는 믿음이 있다. 많은 창업가들이 다양한 비즈니스 모델을 동시에 추진하면 하나는 성공하겠지 하는 생각으로 여러 가지 프로젝트를 한꺼번에 벌이곤 한다. 하지만 과연 스타트업에게 이런 전략이 정말 유리할까?

　이 문제에 대한 답을 찾기 위해 한 스타트업의 사례를 살펴보자. 강남에서 IT 스타트업을 운영했던 이 대표는 창업 초기에 다소 과욕을 부렸다. 그는 회사의 경쟁력을 키우기 위해 가능한 모든 시장에 진출하려 했다. "모든 기회를 잡아야 성공 확률이 올라가지 않겠어?" 그의 말대로 회사는 헬스케어, 이커머스, 콘텐츠 제작 등 다양한 비즈니스 모델을 동시다발적으로 추진했다. 각각의 사업 모델은 시장 규모로 보면 50억 원

정도로 평가되는 수준이었다. 그러나 10개가 합쳐지면 무려 500억 원에 달하는 규모였기 때문에 투자자도 처음에는 큰 기대감을 갖고 있었다.

하지만 결과적으로 집중력이 분산되어 어떤 모델도 제대로 자리 잡지 못했다. 직원들의 피로도도 쌓였고, 심지어 투자자들은 회사가 무엇을 잘하는지 정확히 이해하지 못하는 상황까지 오게 됐다. 이 대표는 결국 실패를 인정하고 주요 사업 몇 개만 남긴 채 나머지는 정리할 수밖에 없었다.

반면, 성공적으로 시장을 장악한 사례는 어땠을까? 패션업계에서 유명한 W컨셉이라는 사내벤처의 이야기를 들여다보자. 이 벤처는 창립 초기부터 정확히 한 가지 타겟 시장을 명확하게 잡았다. 바로 20~30대 여성을 타깃으로 한 컨템포러리 디자이너 브랜드다. 시장의 범위는 좁았지만, 그 시장에서 독보적인 이미지를 구축하며 브랜드 가치를 키웠다. W컨셉은 시장의 모든 브랜드를 공략하는 대신 일명 '동대문 저녁 시장 Top 50 브랜드'만 집중적으로 공략했다.

초기엔 이 전략이 제한적이라는 평가도 있었다. 하지만 결과는 정반대였다. 집중력 덕분에 브랜드 가치는 급상승했고, 젊은 여성 소비자층에게 명확한 이미지와 브랜드 충성도를 구축하는 데 성공했다. 이는 명확한 시장 타겟팅과 브랜느 선략이 얼마나 강력한 무기가 될 수 있는지를 잘 보여준 사례다.

이런 사례를 볼 때마다, 나는 X세대라 스타크래프트의 유명한 게임 유닛이었던 프로토스의 '스카우트' 유닛이 떠오른다. 스카우트는 대공과 대지 공격이 모두 가능해 성능이 뛰어난 듯했지만 실제 게임에서는 비싼 가격 대비 전투력과 효율성이 애매했다. 결국 이 유닛은 프로게이머들에게 "비싸기만 하고 이도 저도 아닌 유닛"이라는 평가를 받으며 게임에서 거의 빌드업하지 않게 되었다. 스타트업도 마찬가지다. 결국 성공은 '몇 개의 무기'가 아니라 '가장 강력한 무기 하나'를 얼마나 정확하게 쓰느냐에 달려 있다.

벤처투자 전문가 박 상무는 이런 전략을 두고 이렇게 조언했다. "50억 원짜리 비즈니스 모델 열 개보다, 300억 원짜리 모델 하나가 낫습니다. 스타트업은 리소스가 한정적이기 때문에 전략적으로 집중해야만 강력한 시장 지배력을 얻을 수 있죠. 너무 많은 무기를 들고 전장에 나가면 아무 무기도 제대로 쓰지 못합니다."

결국 스타트업에게 중요한 것은 무기를 얼마나 많이 가졌느냐가 아니라, 가장 강력한 하나의 무기를 얼마나 정확히 쓰느냐에 달렸다. 시장에서 명확한 강점을 가진 스타트업은 투자자들의 관심도 더 많이 받고, 빠르게 성장할 수 있다.

그러니 오늘도 여러 가지 아이템 중 고민하는 스타트업 창업가가 있다면, 다양한 기회를 노리는 대신 한 가지 확실한 비즈니스 모델에 집중하는 전략을 선택하는 것이 중요하다.

제 3장

아이템과 기술이 좋으면 무조건 성공한다?

좋은 아이템과 기술을 갖췄다고 성공하는 것이 아니라
때론 운영의 묘가 더 중요할 수도 있다!
주요 플랫폼은 주요 고객의 Pain Point를 확실하게 해결하는
한가지 솔루션에 집중한다!

스타트업을 준비하는 사람이라면 누구나 한 번쯤 "우리 아이템과 기술은 최고니까 무조건 성공할 거야!"라고 생각했을 것이다. 특히 기술 기반 스타트업의 경우, 뛰어난 기술력만 있으면 투자자들이 줄을 설 것이라 믿곤 한다. 과연 정말 그럴까?

이에 대한 답을 찾기 위해, 판교에서 기술력을 자랑하며 스마트홈 IoT 시장에 도전했던 스타트업 스마트큐브의 사례를 살펴보자. 이 회사는 설립 초기부터 눈부신 기술력을 자랑했다. 누구보다 빠르고 정확한 스마트 센서 기술을 보유하고 있었고, AI를 활용해 사용자 맞춤형 자동

화 시스템까지 구축해 냈다. 이들은 "이 정도 기술이면 시장을 완전히 뒤집을 수 있다!"는 확신과 기대감으로 가득 차 있었다.

초기에는 많은 관심을 받았다. 언론에서도 주목했고 투자자 미팅도 수없이 진행됐다. 하지만 막상 시장 진입 후 상황은 기대와 달랐다. 초기 반응은 뜨거웠지만 고객들이 실제 제품을 사용하는 과정에서 뜻밖의 문제들이 발생했다. 기술 자체는 뛰어났지만, 사용자 인터페이스는 지나치게 복잡했고, 사용자들이 제품을 설치하거나 이용할 때 겪는 불편함이 컸다. 결국 고객들은 점점 이탈하기 시작했고, 스마트큐브는 기대했던 성과를 얻지 못한 채 어려움을 겪었다.

반면 같은 시장에서 상대적으로 기술력은 조금 떨어지지만 뛰어난 운영 전략으로 시장을 장악한 스타트업도 있다. 바로 이지홈이라는 회사다. 이 회사는 초기부터 복잡한 기술보다는 고객의 Pain Point를 해결하는 데 주력했다. 이지홈은 시장 진입 전, 잠재 고객과 긴밀하게 소통하면서 고객이 실제 생활에서 겪는 가장 큰 불편함을 파악했다. 그 결과 '간편한 설치'와 '직관적인 사용성'이라는 단 하나의 솔루션에 집중하기로 결정했다.

결과는 놀라웠다. 기술적으로는 간단해 보였지만, 고객들의 반응은 폭발적이었다. 제품 설치가 쉬워지자 고객 만족도는 높아졌고, 고객 이탈률이 극히 낮아졌다. 입소문을 타면서 사용자 수가 급증했고 이지홈은 단숨에 스마트홈 시장의 주요 플레이어로 자리 잡게 되었다.

스타트업 신에서는 기술이나 아이템 그 자체보다는 고객의 실제 니즈와 문제를 얼마나 효과적으로 해결하는지가 훨씬 중요하다. 아무리 뛰어난 기술이라 해도 고객이 느끼기에 불편하거나 복잡하다면 시장에서 성공하기 어렵다. 너무나 많은 기업이 최고의 기술을 가졌음에도 고객의 입장에 서지 못해 실패했다.

이런 맥락에서 성공한 주요 플랫폼 기업들을 보면 한 가지 공통점이 있다. 바로 고객의 Pain Point 하나를 확실하게 해결하는 데 집중했다는 것이다. 예를 들어 배달의 민족은 음식 주문 시 겪는 불편함, 토스는 복잡한 금융 서비스를 간단하게 만든 단순함, 카카오택시는 택시 호출의 번거로움을 해결하는 단 하나의 솔루션에 초점을 맞추었다.

벤처투자 전문가 이 대표는 이러한 현상을 두고 이렇게 이야기했다. "스타트업은 고객의 불편함 단 하나만 제대로 해결할 수 있어도 시장에서 확실한 존재감을 가질 수 있습니다. 기술이나 아이템 그 자체보다, 그것을 통해 고객의 문제를 해결하는 능력이 훨씬 더 중요합니다. 결국 운영의 묘를 살리는 것이 관건입니다."

그러니 스타트업 창업을 고민하는 사람이라면 지금 당장 아이템과 기술만 자랑할 것이 아니라, 고객이 정말 원하는 것이 무엇인지 다시 한 번 생각해 보는 것이 필요하다. 고객의 단 하나의 불편을 명확히 해결하는 것이 바로 성공의 진짜 열쇠일지도 모른다.

제 4장 ─────

대한민국은 실패자를 인정하지 않는다?

실패해도 괜찮다. 다만, 끝낼 때도 배우는 게 있어야 한다.
좌절하지 않는 연쇄 창업가의 비결!

"대한민국은 실패를 용납하지 않는다." 스타트업 생태계에서 흔히 들을 수 있는 말이다. 한 번 실패하면 다시 일어서기 어렵다는 속설과 실패를 두려워하는 문화 때문에 창업을 주저하는 사람들도 많을 것이다. 하지만 과연 그럴까?

서울에서 이커머스 스타트업 원데이샵을 창업했던 강 대표의 이야기를 한번 살펴보자. 강 대표는 첫 창업을 의욕적으로 시작했다. 아이디어는 참신했고, 투자자들에게도 초기부터 많은 관심을 받았다. 시장 조사와 준비 과정도 치밀하게 진행했고, 모든 것이 계획대로 진행될 수 있을 것만 같았다.

하지만 원데이샵은 2년 만에 실패했다. 경쟁이 치열한 이커머스 시장이기에 초기의 화려한 아이디어로는 지속적으로 고객을 확보할 수 없었다. 강 대표는 이를 놓치고 있었던 것. 시간이 지나면서 고객들의 관심은 줄어들었고, 매출도 떨어졌다. 결국 강 대표는 회사를 정리해야 했다.

강 대표는 크게 실망했다. 주변에서 "아무래도 대한민국에서는 한 번 실패하면 다시 일어서기 힘들지"라며 걱정 섞인 위로를 건네기도 했다. 그러나 그는 포기하지 않았다. 실패한 원인을 철저히 분석하자, 강 대표는 자신이 고객과 시장 트렌드를 충분히 이해하지 못하고 있었다는 것을 뼈저리게 느꼈다. 곧 그는 스타트업이 성공하기 위해서는 끊임없는 시장 분석과 명확한 고객 니즈 파악이 중요하다는 것을 확실히 깨닫게 되었다.

1년 뒤, 강 대표는 다시 도전했다. 뷰티 전문 커머스 스타트업인 뷰티온을 창업한 것이다. 이전의 실패를 바탕으로 그는 철저히 고객을 중심으로 한 전략을 펼쳤다. 처음부터 핵심 고객과 적극적으로 소통해 피드백을 받았고, 제품과 서비스를 지속적으로 개선했다. 곧 창업한지 1년 만에 뷰티온은 주목받기 시작했고, 투자자들도 관심을 보였다.

스타트업 업계에서 연쇄 창업가로 널리 알려진 이창업 대표는 이런 이야기를 한 적이 있다. "창업을 하면서 실패하지 않는 사람은 없습니다. 중요한 것은 실패를 어떻게 받아들이고, 그 실패에서 어떤 교훈을 얻느냐입니다. 창업에 실패했다는 건 그 사람이 부족한 게 아니라, 그 과정에서 새로운 걸 배웠다는 증거입니다."

정말 대한민국은 실패한 사람들을 인정하지 않는 나라일까? 그렇지 않다. 최근 스타트업 생태계에서는 실패를 긍정적으로 바라보는 분위기가 점점 확산되고 있다. 이제는 창업자들도 실패 경험을 숨기지 않고 공유하며, 실패에서 얻은 교훈을 다음 성공의 밑거름으로 삼는 것이 당연하게 여기고 있다.

한 벤처캐피털 대표는 다음과 같은 조언을 하기도 했다. "실패는 창업가에게 오히려 값진 자산이 될 수 있습니다. 실패한 경험이 있는 창업가는 다음 창업에서 더 신중하고 현명하게 행동합니다. 중요한 것은 실패했을 때 좌절하지 않고 다시 일어나 도전할 용기를 갖추는 것입니다."

2025년, 이제 대한민국에서 실패란 더 이상 끝을 의미하지 않는다. 오히려 지금은 실패를 발판으로 삼아 다시 일어설 준비가 된 연쇄 창업가들의 시대다. 만약 당신이 창업을 준비하고 있다면, 아직 겪지 않은 실패에 두려워하지 않아도 된다. 실패를 겪더라도 이를 통해 배우고 성장하면 곧 성공은 찾아오게 되어 있다.지 않고 도전하는 이들에게 찾아오는 법이다.

제 5장

시제품의 완성도와 매출을 증명하고 투자 받아야 한다?

투자는 오히려 상황이 좋을 때 그리고, 받을 수 있을 때 받아야 한다!

많은 예비 창업자들이 공통적으로 던지는 질문이 있다. "언제 투자 받는 것이 가장 좋을까? 좀 더 완성도 높은 시제품을 만들고 충분한 매출을 증명한 다음 투자 받는 게 좋지 않을까?" 충분히 그럴듯한 질문이지만, 스타트업 세계의 현실은 이보다 훨씬 복잡하고 미묘하다.

이 고민을 명확히 보여준 스타트업이 있었다. 부산에서 헬스케어 스타트업 '핏포미'를 창업한 윤 대표의 이야기다. 윤 대표는 완벽주의 성향이 강했다. 그는 초기 투자자들에게 제품을 보여주기 전에 제품의 완성도를 완벽하게 끌어올리려 했다. 심지어 최소 기능 제품을 출시하기까지도 수차례 미루고 더 나은 기술과 디자인을 계속해서 추가했다. 그러나 윤 대표가 제품에 매달려 있는 동안 초기 투자자들의 관심은 서서히 멀

어져 갔다. 시장에 비슷한 아이디어를 가진 경쟁 스타트업들이 등장했고, 고객들의 관심은 이미 그들의 제품으로 이동하고 있었다. 윤 대표는 막상 자신 있게 시제품을 내놓았을 때, 시장 반응이 예상보다 미지근한 현실을 맞닥뜨려야 했다. 이미 타이밍을 놓쳐버린 것이다.

반대로, 빠르게 움직여 성공한 사례도 있다. 서울의 교육 스타트업 퀵스터디를 창업한 최 대표는 제품의 초기 단계부터 과감하게 투자자들을 찾아다녔다. 제품이 완벽하지 않다는 것을 인지하면서도, 그는 시장에 먼저 출시하고 실제 고객 피드백을 바탕으로 빠르게 고객에게 실제 제품을 사용한 피드백을 받아 개선해야 할 점을 반영해 나갔다. 이러한 최 대표의 전략은 주효했다. 퀵스터디는 초기에 받은 고객들의 피드백을 빠르게 반영해 기능과 서비스를 실시간으로 고도화했다. 이 과정에서 실제 시장에서 고객들이 원하는 바를 명확히 파악할 수 있었고, 투자자들은 퀵스터디가 실제 고객의 반응을 기반으로 발전하고 있다는 점을 높이 평가했다. 결국 퀵스터디는 빠르게 시장에서 존재감을 확장했고, 초기 투자 유치 이후에도 지속적인 후속 투자를 성공적으로 이끌어냈다.

벤처캐피털 파트너 박 이사는 이 상황을 다음과 같이 설명했다. "스타트업이 투자받을 때 가장 흔히 저지르는 실수 중 하나가 완벽한 제품과 매출을 증명한 다음 투자받으려는 것입니다. 스타트업은 완벽한 제품을 내놓는 순간을 기다리기보다는, 고객의 피드백을 받아 지속적으로 제품을 발전시키는 과정이 더 중요합니다. 투자자는 완벽한 제품보다는 시장에서 실제로 작동하는 모델을 보길 원합니다." 이어서 박 이사는 투자 유치 타이밍에 대해서도 강조한다. "투자는 시장의 분위기와 회사의 상황이 좋을 때, 받을 수 있을 때 받아야 합니다. 시장 분위기가 좋고 투자자들이 관심을 보일 때 미루지 말고 투자받으세요. 스타트업 세계에는 예측 불가능한 변수들이 곳곳에 도사리고 있습니다. 자금 조달을 받으려면 무엇보다 좋은 기회를 놓치지 않는 것이 매우 중요합니다."

결국 스타트업이 성공적으로 투자를 유치하기 위해서는 제품의 완성도보다 고객의 지속적인 피드백과 시장에서의 실질적인 검증이 더 중요하다. 완벽을 추구하는 것도 좋지만, 오히려 시장과 고객에게 빠르게 반응하고 그 과정에서 실질적으로 성장하는 모습을 투자자들에게 보여주는 것이 성공적인 투자 유치의 지름길일지도 모른다.

만약 당신이 지금 창업을 준비하고 있다면, 완벽한 제품을 만드는 데 지나치게 힘을 빼지 말아야 한다. 시장에서 빠르게 검증받을 수 있는 제품일수록, 투자 유치의 가능성도 높아진다.

PART 5

DEEP-TECH
(기술창업)
미래를 선점하는
강력한 무기

스티브는 대학 연구실에서 인공지능 기술을 연구하며 몇 가지 유망한 특허를 보유하고 있었다. 창업에 대한 막연한 꿈을 품고 있었지만, 주변 사람들은 '기술창업은 위험하다', '성공 확률이 낮다'며 걱정했다. 하지만 스티브는 자신의 기술이 가진 잠재력을 확신했고, 결국 창업을 결심했다. 스티브의 사례를 통해 기술창업의 실체와 가능성을 살펴보자.

01) 기술창업이란?

기술창업이란 독창적이고 혁신적인 기술, 특허(IP), 데이터 등을 기반으로 새로운 비즈니스 기회를 창출하는 창업 방식이다. 기술창업은 일반 창업에 비해 초기 개발부터 상용화까지 오랜 시간이 걸리고, 높은 투자 비용이 든다. 그러나 일단 성공적으로 시장 진입에 성공하면 막대한 수익과 글로벌 확장 가능성을 기대할 수 있다.

02) 기술창업 vs 일반창업: 명확한 차이점

구분	기술창업	일반창업
기반요소	기술·특허·데이터 중심	아이템·서비스 중심
수익모델	IP 기반 고수익 모델	운영·판매 중심
진입장벽	매우 높음	상대적으로 낮음
투자비용	높음	상대적으로 낮음
리스크	기술 실패 위험 높음	시장 경쟁 위험 높음
성장가능성	글로벌 진출 및 스케일업 가능성 높음	제한적 지역성

기술창업은 진입장벽이 높지만 그만큼 세계적으로 진출할 수 있는 가능성도 크기 때문에 장기적으로 막대한 경쟁력을 보유할 수 있다.

03) 기술기반 창업의 기회와 트렌드

기술기반 창업은 다양한 기회와 정부 지원을 통해 초기 진입장벽을 낮추고 있다. 최근 Deep-Tech와 초격차 기술 스타트업들이 주목받으며 시장 판도를 바꾸고 있다.

- 정부 R&D 및 지원사업 증가: 정부는 기술 스타트업 육성을 위한 R&D 지원사업과 기술특화 지원사업을 확대하여 초기 기술기업의 성장과 글로벌 경쟁력을 강화하고 있다.
- 글로벌 확장 가능성: AI, 로보틱스, 바이오 등 Deep-Tech 분야는 전 세계적으로 확장 가능한 시장이 존재하여, 폭발적 성장이 기대된다.
- 초격차 기술 전략: 경쟁자 대비 압도적인 기술 우위를 확보하여 시장을 지배하는 전략으로, 최근 반도체, AI, 양자기술 등이 대표적이다.

04) 기술기반 창업의 리스크와 도전과제

기술창업은 큰 기회만큼이나 높은 리스크를 동반한다.

- 장기간의 기술 개발 및 검증: 기술의 상용화가 불확실하며, 상용화까지의 시간이 길어 투자자의 신뢰와 자금 확보가 어려워질 수 있다.
- 시장성 검증 부족으로 인한 실패: 기술 중심적 접근만으로는 충분하지 않으며 시장성 검증이 선행돼야 상용화 성공 가능성을 높일 수 있다.
- 전문 인력 확보에 따른 자금 부담: 고도의 전문성을 갖춘 인력을 확보하고 유지하는 데 드는 비용이 크고, 자금 소모 속도 또한 매우 빠르기 때문에 부담이 될 수 있다.

05) Deep Tech / IP 기반 창업 사례 심층 분석

사례 ① 뷰노(VUNO)

뷰노는 AI 기반 의료영상 분석 기술로 독보적인 시장 경쟁력을 확보하며, 기술력을 인정받아 코스닥에 상장했다. 해당 기술은 의료 영상의 판독 정확도를 높여 병원의 업무 효율을 극대화하는 데 기여하고 있으며, FDA와 CE 등 시장 진입에 필수적인 인증을 획득함으로써 글로벌 시장 진출도 본격화하고 있다.

사례 ② 에이슬립(Asleep)

에이슬립은 수면장애 진단 및 치료를 위한 AI 기반 디지털 치료제를 개발했다. 병원과의 긴밀한 협력을 통해 기술 검증(PoC)을 확보하였으며, 임상시험을 성공적으로 마쳐 상용화를 눈앞에 두고 있다. 특히 미국과 유럽 진출을 목표로 해외 임상 인증 절차도 진행하고 있다.

사례 ③ 베어로보틱스(Bear Robotics)

베어로보틱스는 자율주행 서빙 로봇을 통해 노동력 부족 문제를 해결하며 미국, 일본, 한국 등 다양한 국가에서 빠르게 성장하고 있다. 뛰어난 자율주행 기술력을 바탕으로 세계적인 프랜차이즈 기업들과 전략적 파트너십을 맺으며 글로벌 시장 지배력을 높이고 있다.

06) Deep Tech와 초격차 스타트업의 최신 트렌드

최근 Deep-Tech 분야에서는 다음과 같은 분야가 주목받고 있다.

스타트업 10대 초격차 분야

10대분야	세부분류(예시)
① 시스템반도체	로직·아날로그 IC, 마이크로컴포넌트
② 바이오·헬스	의약, 임상기술, 의료기기
③ 미래모빌리티	전기·수소차, 자율주행
④ 친환경·에너지	자원순환, CCUS, 친환경 신소재, 신재생, 이차전지, 에너지 절감
⑤ 로봇	지능형·서비스 로봇, 스마트시스템
⑥ 빅데이터·AI	컴퓨터비전, 빅데이터 수집 및 활용, 고객데이터플랫폼, AIoT
⑦ 사이버보안·네트워크	복호화 블록체인, 5G, 6G, 무선통신, 클라우드, 메타버스, 모바일 엣지컴퓨팅
⑧ 우주항공·해양	위성, 발사체, 기지국, 비행체, 첨단선박
⑨ 차세대원전	원자로, 원전 재료, 안전기술
⑩ 양자기술	양자컴퓨터, 양자센서, 양자통신

① 시스템반도체

시스템반도체는 데이터의 연산, 제어, 변환 기능을 수행하는 반도체로, 자율주행, 5G, IoT 등 4차 산업혁명을 이끄는 핵심기술이다. 삼성전자와 TSMC는 이 분야의 대표적인 글로벌 리딩업체로, 초미세공정과 시스템온칩 기술에서 경쟁력을 유지하고 있다.

② 바이오·헬스

바이오·헬스 산업은 생명공학, 질병 예방 및 치료, 첨단의료기기 개발 등을 포함하며 연평균 45%의 성장을 보이고 있다. 국내에서는 셀트리온이 코로나19 치료제 개발로 국제적 인지도를 확보하였으며, 씨젠은 진단키트로 주목받고 있다.

③ 미래모빌리티

미래모빌리티에는 전기차, 자율주행차, 수소차 등이 포함되며, 친환경적이고 지속 가능한 이동수단 개발을 목표로 한다. 테슬라는 자율주행 및 전기차 기술로 이 분야에서 세계적인 리더로 자리매김하고 있으며, 현대차는 수소차 및 전기차 기술 개발에서 주도적인 역할을 하고 있다.

④ 친환경·에너지

이 분야는 신재생에너지와 탄소중립 기술을 중심으로 발전하고 있다. 한국전력은 CCUS(탄소 포집·활용·저장기술) 기술 개발에서 리딩업체이며, 미국의 테슬라는 재생에너지 저장기술인 ESS 분야에서 글로벌 경쟁력을 보유하고 있다.

⑤ 로봇

로봇 산업은 제조업 협동로봇부터 서비스 및 물류 로봇, 휴머노이드까지 광범위한 분야를 아우르고 있다. 보스턴 다이내믹스는 뛰어난 기술력을 바탕으로 로봇 기술의 선두주자로 자리잡았고, 국내에서는 현대로보틱스가 로봇 산업의 선두를 달리고 있다.

⑥ AI·빅데이터

AI와 빅데이터는 데이터 분석을 통해 맞춤형 솔루션을 제공하는 기술로서, 의료진단부터 전자상거래까지 응용이 다양하다. 구글과 아마존이 글로벌 시장에서 선도하고 있으며, 국내에서는 네이버가 클라우드 기반 AI 플랫폼 기술을 주도하고 있다.

⑦ 사이버보안·네트워크

사이버보안은 블록체인, 메타버스, 디지털 휴먼 등 신기술과 결합하여 디지털 경제의 핵심 인프라로 자리 잡았다. 글로벌 기업인 팔로알토 네트웍스와 국내 기업 안랩이 사이버보안 분야에서 중요한 리딩업체로 성장하고 있다.

⑧ 우주항공·해양

우주항공 산업은 민간 주도의 우주 탐사 및 위성 기술 개발이 주를 이루고 있으며, 미국의 스페이스X가 선도적인 역할을 하고 있다. 한국항공우주산업(KAI)은 국내 우주항공 기술의 발전을 주도하고 있다.

⑨ 차세대 원전

차세대 원전은 안전성과 효율성이 뛰어난 소형모듈원전(SMR) 기술이 핵심이다. 미국의 뉴스케일 파워(NuScale Power)는 SMR 분야를 선도하고 있으며, 국내에서는 한국전력과 두산에너빌리티가 기술개발에 집중하고 있다.

⑩ 양자기술

양자기술은 양자컴퓨팅과 양자암호통신을 포함하여 컴퓨팅 및 정보통신 기술의 혁신을 이끄는 분야다. IBM과 구글은 양자컴퓨팅에서 세계적인 경쟁력을 갖추고 있으며, 국내에서는 SK텔레콤이 양자암호통신 기술을 상용화하여 기술력을 인정받고 있다.

스티브의 도전과 성공

스티브는 이러한 사례와 트렌드를 철저히 분석하며 자신의 비즈니스 모델을 지속적으로 개선했다. 정부 지원과 글로벌 진출 전략을 통해 그는 마침내 기술 상용화에 성공하고 초기 투자자들의 신뢰를 얻으며 성공적인 투자 유치를 이뤘다.

기술창업은 철저한 준비와 전략적 접근을 필요로 하지만, 분명한 비전과 기술력을 갖춘 창업가에게는 강력한 성공의 열쇠가 될 수 있다. 스티브의 이야기는 수많은 기술창업자들에게 현실적이고도 구체적인 지침이 될 것이다.

07) 기술창업 실패사례 5: 실패에서 배우는 교훈

　기술창업은 혁신적인 아이디어와 기술력을 바탕으로 시장에 도전하는 과정이지만, 성공을 보장할 수 없는 다양한 리스크를 내포하고 있다. 아래는 기술창업에서 자주 발생하는 5가지 대표적 실패사례와 그 원인, 시사점, 그리고 창업자들이 유념해야 할 체크포인트를 설명한다.

　실패사례 1: 기술집착형 창업 – "완벽한 기술"에 갇힌 스타트업

　음성인식 기반 회의록 자동화 기술로 창업한 스타트업 A는 출발부터 자신감이 넘쳤다. 자체 개발한 음성인식 알고리즘은 국내 최고 수준의 정확도를 자랑했다. 그러나 아이러니하게도 이 기술의 뛰어난 완성도는 사업 실패의 원인이 되었다. 고객들은 기술이 정교할수록 오히려 복잡하고 불편하다고 느꼈다. 그들이 원했던 것은 복잡한 기술이 아니라 누구나 손쉽게 활용할 수 있는 직관적인 도구였던 것이다.

　A사는 기술 완성도에만 집착한 나머지 정작 사용자의 목소리를 듣지 않았다. 초기 단계부터 고객 인터뷰와 시장 검증을 소홀히 한 결과, 시장 진입에 실패했고 결국 서비스는 외면받았다. 창업자들이 기술이 아닌 문제 해결 중심의 사고를 가져야 한다는 소중한 교훈을 남겼다.

　실패 원인
- 고객 인터뷰 및 시장 검증 부족
- 기술 완성도에 집중, UX와 실제 니즈는 간과

시사점

기술이 아무리 좋아도 '고객이 원하는 기능'이 빠지면 외면받는다. 기술보다 고객의 문제를 어떻게 해결할 것인지가 중점이 되어야 한다.

창업자 체크포인트

- 기술의 완성도에 집중하는가, 고객이 원하는 문제해결에 집중하는가?
- 제품 개발 과정에서 실제 고객과 충분히 소통하고 있는가?

실패사례 2: 정부과제형 창업 – 연구개발의 함정에 빠지다

스타트업 B는 정부의 R&D 과제를 연달아 수주하며 기술 개발 자금을 안정적으로 확보했다. 이를 바탕으로 고성능 제품 개발에는 성공했지만, 정작 시장 출시 단계에서는 한 발짝도 나아가지 못했다. 사업화 전략은 전혀 준비되지 않았고, 매출 역시 발생하지 않았다.

이 스타트업이 간과한 것은 정부 과제가 목적이 아니라 수단이라는 사실이었다. 실제 고객을 확보하고 제품을 판매할 전략이 없으면, 아무리 우수한 기술과 자금이 있어도 시장에서는 실패할 수 있다는 교훈을 남긴 사례다.

실패 원인

- 과제 성공이 목적이 되었고, 시장 진입 전략은 부재
- 고객 확보와 유통 전략이 아예 없었음

시사점

정부과제는 '수단'이지 '목적'이 아니다. 고객을 만나지 않으면 아무리 많은 개발비를 받아도 시장에서 사라진다.

창업자 체크포인트

- 연구개발보다 고객 중심의 시장 진입 전략을 세웠는가?
- 이 기술을 실제 누구에게 어떻게 판매할 것인지 명확한 전략이 있는가?

실패사례 3: 기술파트너 리스크 – 핵심기술 소유권의 분쟁

스타트업 C는 자체 기술력이 부족해 외부 AI 연구소와 협력해 핵심 알고리즘을 개발했다. 처음에는 협력이 순조로웠지만, 협력 초기 기술이전 계약서를 작성하지 않은 것이 큰 실수였다. 기술 개발 이후 알고리즘 소유권 분쟁이 발생했고, 결국 법정 다툼으로 이어져 제품 출시가 무산되었다.

이 사례는 기술창업의 핵심이 단순한 기술 보유가 아닌 '기술 통제권' 확보에 있다는 사실을 보여준다. 외부 협력 파트너와 협력 시에는 반드시 기술 이전 및 IP 권리에 대한 계약을 명확하게 체결하는 것이 필수임을 알 수 있다.

실패 원인

- 핵심기술의 법적 권리 미확보
- 외부 파트너 의존도 과다

시사점

기술창업의 경쟁력은 '기술 보유'가 아니라 '기술 통제권'이다. 계약 초기 단계부터 지분 관계를 반드시 명확하게 설정해야 한다.

창업자 체크포인트

- 현재 나의 핵심기술은 확실히 내 것인가? (IP 등록 여부 포함)
- 외부 파트너와의 계약서에서 지식재산권 관련 조항을 명시했는가?

실패사례 4: 시장 타이밍 실패 – 시대를 너무 앞서간 혁신

스타트업 D는 2012년에 AR 글래스 기술을 선보이며, CES와 같은 국제 전시회에서 주목을 받았다. 그러나 당시 AR 기술은 사용자들에게는 너무 생소했고, 관련 인프라도 거의 마련되지 않은 상태였다. 이로 인해 사용자가 전혀 형성되지 않았으며, 매출 역시 전무한 상태로 사업을 종료해야 했다.

결국 10년 뒤 AR 글래스 시장이 본격적으로 열렸지만, 스타트업 D는 이미 사라진 후였다. 이 사례는 아무리 혁신적인 기술이라도 시장이 준비되지 않으면 사업화가 불가능하다는 사실을 보여준다. 스타트업에게 기술의 수준보다 더욱 중요한 것은 시장 진입 시기라는 사실을 시사한다.

실패 원인
- 시장 성숙도에 비해 기술이 너무 앞서 있었음
- 사용처/사용자가 없었고, 마케팅도 동조되지 못함

시사점

아무리 좋은 기술도, "지금 당장 돈을 내고 쓸 사람"이 없으면 살아남기 어렵다. 기술이 아니라 타이밍이 비즈니스다.

창업자 체크포인트
- 지금 당장 이 기술을 돈 주고 사용할 사람이 존재하는가?
- 기술 발전 속도뿐 아니라 시장의 성숙도와 고객의 행동 변화를 고려했는가?

실패사례 5: 기술자 중심 조직문화 - 성장 한계를 초래한 조직구조

스타트업 E는 뛰어난 연구 인력 중심으로 초기 기술 개발과 초기 시장 진입에는 성공했으나, 이내 성장이 멈췄다. 이유는 간단했다. 창업팀 내에 기술자는 풍부했지만 비즈니스와 세일즈 전문가가 없었기 때문이다. 초기 수요는 기술의 우수성으로 확보했지만, 고객 관리와 마케팅 전략의 부재로 성장이 멈췄고, 결국 기술을 타 기업에 매각해야 했다.

이 사례를 통해 스타트업이 장기적으로 성장하려면 기술 전문성뿐 아니라 비즈니스 역량을 갖춘 세일즈 조직이 반드시 필요하다는 점을 확인할 수 있다. 기술 중심에서 고객 중심의 조직 문화로 전환하지 못하면 성장은 불가능하다는 점을 시사한다.

실패 원인
- 기술자는 있었지만 '사업가'가 없었음
- 매출/고객/비즈니스 프로세스를 관리할 사람이 부재

시사점

창업은 기술로 시작되지만, 성장에는 경영자 마인드와 사업조직이 반드시 필요하다. 혼자서는 절대 갈 수 없다.

창업자 체크포인트
- 현재 조직에 제품과 서비스를 적극적으로 팔 수 있는 역량이 있는 사람이 있는가?

- 조직 내에서 기술 개발보다 고객과 시장에 더 초점을 맞추는 문화가 형성되어 있는가?

위 사례들은 모두 각기 다른 이유로 실패했지만, 공통적으로 고객과 시장이라는 본질적인 요소를 간과했다는 점에서 교훈을 준다. 창업자는 단순히 혁신적인 아이디어나 뛰어난 기술력만으로 성공할 수 없으며, 고객의 니즈를 이해하고 이를 충족시키는 방식으로 접근해야 한다. 또한, 팀 구성과 조직 문화 역시 지속 가능한 성장을 위해 반드시 고려해야 할 요소이다.

PART 6

슈퍼망고 솔루션

이 파트에서 소개하는 슈퍼망고 자가진단 솔루션은 스타트업의 현재 상태를 정확히 진단하고, 미래를 위한 전략 방향을 설정하는 데 도움이 되도록 구성하였다.

주요 특징

- 120개의 핵심 질문에 대한 대표님의 솔직한 답변을 바탕으로 종합적으로 진단한 스타트업의 현재 상태
- AI 기반 맞춤형 자가진단 리포트를 생성하며, 각 문항마다 분석(Analysis)과 개선 권고(Recommendation)를 제시
- 사업 아이템의 경쟁력, 시장 대응력, 투자 유치 가능성 등 핵심 요소 평가
- 명확한 방향성과 구체적인 개선방안 제시

기대 효과

슈퍼망고 자가진단 솔루션을 활용하면 초기 스타트업도 현 위치를 객관적으로 파악할 수 있고, 성장하기 원하는 방향으로 첫걸음을 내딛을 수 있다.

설문 조사 목적

본 설문은 초기 스타트업의 비즈니스 계획을 자가진단하기 위한 목적으로 만들어졌다. 총 12개 항목, 120개 문항으로 구성된 설문을 통해 스타트업의 전반적인 역량을 평가할 수 있다. 각 문항은 1점에서 10점까지의 점수로 평가되며, 이를 통해 스타트업의 강점과 약점을 파악하고, 향후 개선 방향을 알 수 있다.

평가 항목

- 사업 아이템 경쟁력 (Competitive Advantage of the Business Item)
- 제품/서비스 완성도(Product/Service Completeness)
- 시장 적합성 및 적응성(Market Fit and Adaptability)
- 수익구조 타당성(Revenue Model Viability)
- 경쟁 환경 상황(Competitive Environment Awareness)
- 사용자 및 사용성 평가(User and Usability Evaluation)
- 시장 이해력 및 전문성(Market Understanding and Expertise)
- ESG 경영 모델(ESG Management Model)
- 팀 빌딩 수준(Team Building Level)
- 전략적 파트너십 구축(Strategic Partnership Building)
- 필요자금 대응력(Funding Capability)
- 출시 및 영업 현황(Product Launch and Sales Performance)

기대 효과

- 전략 개선: 약점을 보완하고 강점을 강화하여 시장 경쟁력을 확보할 수 있다.
- 효율적인 자원 배분: 자원을 효과적으로 배분하여 성과를 극대화할 수 있다.
- 지속 가능한 성장: 장기적인 성장 전략을 수립하고 실행할 수 있다.

일러두기

본 슈퍼망고 자가진단 솔루션은 분석 정확도를 높이기 위해 자체 개발한 에이전트를 사용하였다. 분석 결과는 영어로 도출한 뒤, 한국어로 번역하는 방식을 적용하였기에 국내에서 보편적으로 쓰이는 용어가 조금씩 다를 수 있음을 이곳에 미리 고지한다.

(BPSCP 에이전트 버전 2.1)

자가진단 분석 결과(예시)

다음은 자가진단 설문의 12개 카테고리, 총 120문항에 임의로 답변한 내용을 기반으로 만들어진 분석 리포트다.

총점: 838점 / 평균 점수: 69.8점

진단 대상: 자가진단 설문 (12개 카테고리, 총 120문항)

No.	카테고리명	세부내용	평균점수
1	사업 아이템 경쟁력	사업 아이템의 경쟁 우위	5.42점
2	제품/서비스 완성도	제품 및 서비스 개발 수준	7.51점
3	시장 적합성 및 적응성	시장 니즈 및 피벗 대응	8.12점
4	수익구조 타당성	수익 모델의 실행 가능성	3.20점
5	경쟁환경 상황	경쟁 인식 및 차별화 전략	4.40점
6	사용자 및 사용성 평가	UX, 피드백, 사용자 확보	3.70점
7	시장 이해력 및 전문성	업계 이해 및 전문 역량	3.80점
8	ESG 경영 모델	환경·사회·지배 구조 대응	5.60점
9	팀 빌딩 수준	팀 구성 및 역할 명확성	8.00점
10	전략적 파트너십 구축	네트워크 및 제휴 역량	8.60점
11	필요 자금 대응력	자금 조달 및 관리 능력	3.60점
12	출시 및 영업 현황	제품 런칭 및 실제 판매	3.40점

사업성 평가 모델

- Competitive Advantage of the Business Item
- Product/Service Completeness
- Market Fit and Adaptability
- Revenue Model Viability
- Competitive Environment Awareness
- User and Usability Evaluation
- Market Understanding and Expertise
- User and Usability Evaluation
- Team Building Level
- Strategic Partnership Building
- Funding Capability
- Product Launch and Sales Performance

9.0
8.0
7.0
6.0
5.0
4.0
3.0
2.0
1.0
0.0

질문 목록

01) 사업 아이템 경쟁력(Competitive Advantage of the Business Item)

#	질문항목	1–10점
1	우리 아이템은 독특한 기능이나 혜택이 경쟁사의 아이템과 대비하여 명확하게 구분됩니다.	
2	우리 아이템은 타깃 시장의 문제를 해결할 수 있는 최고의 솔루션이 될 가능성이 있습니다.	
3	최근 시장 조사를 바탕으로, 우리 아이템이 경쟁 제품보다 우위에 있다고 확신합니다.	
4	고객 피드백을 통해 우리 아이템의 가치 제안이 적절히 전달되고 있다고 느낍니다.	
5	우리 아이템은 특허, 독점 기술 또는 저작권으로 경쟁에서 보호받을 수 있습니다.	
6	마케팅 및 홍보 전략이 우리 아이템의 경쟁력을 효과적으로 강조하고 있습니다.	
7	타깃 고객이 우리의 아이템을 경쟁 제품보다 선호한다는 강력한 증거가 있습니다.	
8	우리는 경쟁 아이템들과 비교했을 때 가격 경쟁력이 있습니다.	
9	시장의 기술적, 환경적, 법적 변화에 대응하여 아이템을 지속적으로 개선하고 있습니다.	
10	우리 아이템의 품질과 신뢰성이 업계 평균 이상이라고 확신합니다.	

02) 제품/서비스 완성도(Product/Service Completeness)

#	질문항목	1-10점
1	시장의 요구사항과 기술적 트렌드에 맞춰 제품/서비스의 기능을 지속적으로 업데이트하고 있습니다.	
2	제품/서비스의 사용성과 사용자 경험이 업계 최고 수준임을 자부합니다.	
3	고객의 피드백을 제품/서비스 개선에 적극적으로 반영하고 있습니다.	
4	제품/서비스의 신뢰성과 성능을 정기적으로 모니터링하고 테스트하여 최상의 상태를 유지하고 있습니다.	
5	제품/서비스는 법적 규제와 산업 표준을 철저히 준수하고 있습니다.	
6	제품/서비스의 디자인은 시장과 고객의 취향을 반영하여 경쟁력을 유지하고 있습니다.	
7	제품/서비스는 효율적인 생산 공정을 통해 가격 경쟁력을 확보하고 있습니다.	
8	고객 지원과 유지보수 서비스를 통해 제품/서비스의 가치를 장기간 유지하고 있습니다.	
9	제품/서비스의 안전성 및 보안 기능은 업계 최고 수준입니다.	
10	제품/서비스는 시장에서 유의미한 기술 혁신을 선도하고 있습니다.	

03) 시장 적합성 및 적응성(Market Fit and Adaptability)

#	질문항목	1-10점
1	우리 제품/서비스는 시장의 현재 요구사항을 정확히 충족시키고 있습니다.	
2	시장 변화에 대응하여 제품/서비스를 신속하게 조정할 수 있는 능력이 있습니다.	
3	제품/서비스의 시장 진입장벽은 경쟁 대비 매우 낮아 쉽게 도입될 수 있습니다.	
4	고객으로부터의 피드백을 체계적으로 수집하고 제품/서비스 개선에 적극 활용하고 있습니다.	
5	타깃 시장에서 우리 제품/서비스의 성장 가능성은 매우 높습니다.	
6	우리 제품/서비스는 고객의 다양한 필요를 충족시킬 수 있도록 맞춤화가 가능합니다.	
7	고객들이 우리 제품/서비스를 선택하는 가장 큰 이유는 그들의 문제를 효과적으로 해결해주기 때문입니다.	
8	우리 제품/서비스는 경쟁 대비 합리적인 가격으로 제공되며, 가격 대비 가치가 뛰어납니다.	
9	제품/서비스는 기술적으로 시장의 기대를 충족하거나 초과하고 있습니다.	
10	우리의 사업 운영은 타깃 시장의 문화적, 사회적 기대를 잘 반영하고 있습니다.	

04) 수익구조 타당성(Revenue Model Viability)

#	질문항목	1-10점
1	우리의 수익 모델은 장기적인 사업 전략과 부합하며 지속 가능합니다.	
2	제품/서비스의 가격 책정은 원가를 반영하고 시장에서의 경쟁력을 유지할 수 있는 수준입니다.	
3	다양한 수익원을 개발하고 있으며, 이는 전체 수익에 기여하고 있습니다.	
4	수익 모델은 고객에게 명확하게 전달되며, 고객은 가치에 기꺼이 지불할 의향이 있습니다.	
5	재무 계획은 실현 가능하며, 필요한 자본과 리소스를 효과적으로 관리하고 있습니다.	
6	비용 구조는 효율적으로 관리되며, 불필요한 지출을 줄이는 데 성공하고 있습니다.	
7	시장의 수요와 공급 변화에 따라 수익 모델을 탄력적으로 조정할 수 있습니다.	
8	우리 사업은 업계 평균 이상의 수익성을 지속적으로 유지하고 있습니다.	
9	수익성 분석은 정확하고, 주요 성과 지표(KPI)를 기반으로 수익 목표를 설정하고 달성하고 있습니다.	
10	현금 흐름 관리는 안정적이며, 운영 자금이 부족할 때 대응할 수 있는 계획이 마련되어 있습니다.	

05) 경쟁환경 상황(Competitive Environment Awareness)

#	질문항목	1-10점
1	경쟁 분석을 통해 우리 사업의 상대적 위치를 명확히 이해하고 있습니다.	
2	경쟁사 대비 우리의 제품/서비스가 가진 강점을 분명히 알고 있습니다.	
3	시장에서의 경쟁 동향을 지속적으로 모니터링하고, 이를 사업 전략에 적극적으로 반영하고 있습니다.	
4	새로운 경쟁자의 시장 진입 잠재력과 그 영향을 평가할 수 있는 시스템이 구축되어 있습니다.	
5	우리 사업은 경쟁 환경에서 필요한 독창성과 차별화를 가지고 있습니다.	
6	경쟁사의 전략을 분석하고, 이에 대응하는 전략을 세우는 데 능숙합니다.	
7	시장 내에서 우리의 제품/서비스가 차지하는 시장 점유율을 정확히 알고 있으며, 이를 확대하기 위한 계획이 있습니다.	
8	경쟁 환경 변화에 대한 우리 사업의 대응 능력은 매우 빠르고 효과적입니다.	
9	경쟁사의 제품/서비스와 비교하여 우리 제품/서비스의 가격 경쟁력은 매우 높습니다.	
10	우리 사업은 업계에서 발생하는 주요 경쟁 이벤트에 대한 대응 계획을 가지고 있습니다.	

06) 사용자 및 사용성 평가(User and Usability Evaluation)

#	질문항목	1-10점
1	우리 제품/서비스의 사용자 경험은 시장 내에서 최고 수준입니다.	
2	사용자로부터 받은 피드백은 제품/서비스 개선에 적극적으로 활용되고 있습니다.	
3	사용자 인터페이스(UI)는 직관적이고, 사용자가 쉽게 이해하고 사용할 수 있습니다.	
4	제품/서비스는 다양한 사용자 그룹에 맞춰 접근성이 뛰어납니다.	
5	우리 제품/서비스는 사용자의 요구와 기대를 효과적으로 충족하고 있습니다.	
6	제품/서비스의 사용성 테스트 결과는 긍정적이며 지속적으로 개선되고 있습니다.	
7	고객 지원 시스템은 사용자의 문제를 신속하고 효과적으로 해결하고 있습니다.	
8	사용자의 피드백을 수집하고 분석하는 과정은 체계적이며, 사용자 만족도를 높이는 데 기여합니다.	
9	우리 제품/서비스는 새로운 사용자에게도 쉽게 이해되며, 교육이나 복잡한 설명이 필요하지 않습니다.	
10	사용자는 제품/서비스를 사용하다가 문제가 발생했을 때 쉽게 해결책을 찾을 수 있습니다.	

07) 시장 이해력 및 전문성(Market Understanding and Expertise)

#	질문항목	1-10점
1	우리 팀은 시장 동향, 변화 및 기술 발전을 정확히 이해하고 있습니다.	
2	시장의 기술적, 환경적, 법적 변화에 대응하여 아이템을 지속적으로 개선하고 있습니다.	
3	우리는 타깃 시장의 소비자 행동 및 선호도를 정확하게 파악하고 있습니다.	
4	우리는 경쟁사의 움직임과 전략을 깊게 이해하며, 이를 바탕으로 효과적인 대응 전략을 수립하고 있습니다.	
5	우리는 시장 조사와 시장 분석을 중요하게 여기며 주기적으로 실시합니다.	
6	타깃 시장 내에서 우리 사업의 위치를 정확히 이해하고, 이에 맞는 전략을 실행하고 있습니다.	
7	우리는 시장의 미래 트렌드를 예측하고, 이에 대비하는 데 있어 선구자적 입장을 취하고 있습니다.	
8	우리 사업은 시장을 얼마나 이해하고 있는지에 달려 있으며, 이미 우리는 시장을 이해하고 있습니다.	
9	제품/서비스 개발 및 마케팅 전략은 시장 데이터와 트렌드 분석에 기반하고 있습니다.	
10	우리 팀은 업계 전문가로 인정받고 있으며, 관련 지식을 지속해서 갱신하고 있습니다.	

08) ESG 경영 모델(ESG Management Model)

#	질문항목	1-10점
1	우리 회사는 환경, 사회 및 지배구조(ESG) 원칙을 비즈니스 모델에 통합하고 있습니다.	
2	우리의 비즈니스 운영은 지속 가능하며, 사회적 책임을 완수하기 위해 노력하고 있습니다.	
3	우리는 모든 이해관계자와의 관계에서 투명성과 공정성을 중시합니다.	
4	우리 제품/서비스는 환경에 미치는 영향을 최소화하는 방향으로 개발되고 있습니다.	
5	우리는 장기적으로 사회적인 가치를 창출할 수 있도록 전략적으로 투자하고 있습니다.	
6	지속 가능한 자원 사용 및 재활용 정책은 우리 비즈니스 모델의 핵심입니다.	
7	우리 회사의 지배구조는 모범적이며, 이해관계자에게 신뢰를 제공합니다.	
8	우리는 사회적, 환경적 목표 달성을 위한 구체적인 계획과 KPI를 가지고 있습니다.	
9	우리의 ESG 이니셔티브는 업계 내에서 인정받고 있으며, 이는 우리의 경쟁력을 강화합니다.	
10	우리는 ESG 관련 규정과 법률을 준수함으로써, 리스크를 관리하고 기업 가치를 향상시키고 있습니다.	

09) 팀 빌딩 수준(Team Building Level)

#	질문항목	1-10점
1	우리 팀은 필요한 다양한 기술과 경험을 갖추고 있으며, 각자의 역할에 적합합니다.	
2	팀원 간의 협력과 의사소통은 원활하며, 공동의 목표 달성을 위해 효과적으로 작동합니다.	
3	우리는 모든 팀원이 지속적인 학습과 개발을 통해 성장할 수 있는 환경을 제공합니다.	
4	팀장의 리더십은 강력하며, 팀원들을 올바른 방향으로 이끌고 있습니다.	
5	우리는 채용 시 가장 적합하고 우수한 인재를 선별하기 위한 체계적인 절차를 가지고 있습니다.	
6	팀원들의 동기 부여와 참여도는 높으며, 이는 회사의 전반적인 생산성을 향상시킵니다.	
7	각 팀원의 기술과 능력은 우리의 사업 목표와 전략에 잘 부합합니다.	
8	우리 팀은 어려운 상황에도 유연하게 대처하며, 새로운 도전을 효과적으로 해결합니다.	
9	팀 구성원들은 회사의 비전과 가치에 공감하며, 이를 실현하기 위해 노력합니다.	
10	팀 빌딩과 관련하여, 우리는 정기적으로 강점과 약점을 평가하고, 개선을 위한 명확한 계획을 가지고 있습니다.	

10) 전략적 파트너십 구축(Strategic Partnership Building)

#	질문항목	1-10점
1	우리는 중요한 전략적 파트너와의 협력을 통해 사업 목표를 달성하는 데 성공하고 있습니다.	
2	파트너십을 통해 우리는 시장 접근성, 기술, 자본 등에서 상당한 이점을 얻고 있습니다.	
3	우리는 파트너사와 함께 새로운 시장 기회를 탐색하고 이를 활용하는 데 능숙합니다.	
4	전략적 파트너십은 우리 사업의 혁신과 성장에 중요한 역할을 합니다.	
5	우리는 파트너사와 장기적인 관계를 구축하고 유지하는 데 성공하고 있습니다.	
6	파트너십을 관리하는 우리의 전략은 명확하며, 이는 양측에 상호 이익을 가져다줍니다.	
7	우리는 파트너사와의 협력을 통해 리소스를 효과적으로 공유하고 최적화하고 있습니다.	
8	파트너십은 우리의 사업이 견딜 수 없는 리스크를 감소시키는 데 도움을 줍니다.	
9	우리는 파트너십을 통해 우리 제품/서비스의 품질과 가치를 향상시키고 있습니다.	
10	전략적 파트너십이 우리 사업의 유연성을 증가시키고 시장에서의 반응 속도를 향상시킵니다.	

11) 필요자금 대응력(Funding Capability)

#	질문항목	1-10점
1	우리는 사업 운영과 성장을 위해 필요한 자금을 확보하는 데 어려움이 없습니다.	
2	금융시장의 변화에도 불구하고 안정적으로 투자를 유치하고 있습니다.	
3	필요한 자금을 확보하기 위한 다양한 경로(벤처캐피털, 크라우드펀딩, 정부 지원 등)를 효과적으로 활용하고 있습니다.	
4	재무 계획은 사업의 다양한 시나리오에 대응할 수 있는 충분한 유연성을 갖추고 있습니다.	
5	우리는 현재 사업 규모와 미래의 확장 계획에 맞는 적절한 자금 운용 계획을 가지고 있습니다.	
6	예상치 못한 자금 조달 문제에 대비해 명확한 계획과 대응 전략을 준비해 두었습니다.	
7	우리 사업의 재무 건전성은 투자자와 금융 기관으로부터 높은 신뢰를 받고 있습니다.	
8	우리는 자금을 확보하고 사용하는 과정에서 투명성과 효율성을 중요하게 여깁니다.	
9	우리 사업의 특성과 성장 단계에 맞도록 전략적으로 자금 조달을 하고 있습니다.	
10	우리는 필요한 자금을 효과적으로 관리하며, 이는 우리 사업의 지속 가능한 성장을 지원합니다.	

12) 출시 및 영업현황(Product Launch and Sales Performance)

#	질문항목	1-10점
1	우리 제품/서비스는 계획대로 시장에 성공적으로 출시되었습니다.	
2	초기 영업 활동은 목표 시장 점유율을 확보하는 데 효과적이었습니다.	
3	제품/서비스의 시장 출시 전략은 우리의 전체적인 사업 목표와 일치합니다.	
4	출시 이후, 우리는 지속적으로 영업 채널을 확장하고 있습니다.	
5	우리의 영업 팀은 목표 고객군에게 효과적으로 접근하고, 결과적으로 판매를 증가시키고 있습니다.	
6	제품/서비스의 시장 수용도는 기대를 충족시키거나 초과하고 있습니다.	
7	우리의 마케팅 및 영업 활동은 고객의 구매 결정에 긍정적인 영향을 미치고 있습니다.	
8	우리 제품/서비스가 출시된 이래로 고객층은 지속적으로 성장하고 있으며, 높은 고객 충성도를 유지하고 있습니다.	
9	영업 전략은 데이터 기반 결정을 통해 지속적으로 최적화되고 있습니다.	
10	우리는 경쟁사 대비 뛰어난 영업 성과를 보이며 시장에서의 입지를 강화하고 있습니다.	

PART 7

친절하고 쉬운 스타트업 용어 가이드

스타트업 업계에서는 다양한 용어가 사용되지만, 이를 제대로 이해하는 것이 성공의 중요한 열쇠가 된다. 또한 스타트업 생태계는 고유의 언어 체계를 가지고 있다. 창업 초기부터 투자 유치, 성장, 엑싯에 이르기까지 각 단계마다 특화된 용어가 존재하며, 이는 새로운 세계로 들어가는 관문과 같다. 이 파트에서는 창업자와 투자자 모두가 반드시 이해해야 할 핵심 용어들을 풀어내고 실제 사례를 곁들여 설명한다.

01) 스타트업(Startup)

좁은 의미로는 신생 기업, 넓은 의미로는 기술 혁신과 빠른 성장 잠재력을 지닌 조직을 의미한다. 미국의 창업가 에릭 리스(Eric Ries)는 스타트업을 '극도의 불확실성에서 새로운 제품/서비스를 창조하는 인간 조직'으로 정의했다.

핵심 특징

- 고성장 지향: 시장 확장 가능성 중시

  예시: 페이스북(Facebook) 설립 초기
- 문제 해결 중심: 기술을 활용해 사회적 문제를 해결하는 데 집중
- 유연한 구조: 피벗을 통해 사업 모델을 전환하는 것이 일반적

스타트업은 신생 벤처기업을 뜻하는 말이다. 일반적으로 기술 기반의 비즈니스를 운영하는 회사이지만, 꼭 IT 기업에만 해당하는 것은 아니다. 스타트업은 혁신적인 아이디어를 바탕으로 빠르게 성장할 가능성이 높은 기업을 의미하며, 불확실성이 크지만 그만큼 높은 성장 잠재력을 가진 것이 특징이다. 일반 창업과 스타트업의 차점은 성장 가능성과 비즈니스 모델의 확장성에 있다. 동네에서 작은 카페를 창업하는 것은 로컬 비즈니스이지만, 모바일 앱을 개발하여 글로벌 시장을 목표로 한다면 스타트업에 해당한다. 또한, 스타트업은 보통 투자를 유치해 빠르게 성장하는 전략을 택한다.

02) 마일스톤(Milestone)

단기 목표를 달성하기 위한 중간 관문을 뜻한다. 예를 들어, "6개월 내 최소 기능 제품 출시" 혹은 "1년 차 월 매출 1억 달성" 등이 이에 해당한다. 마일스톤은 투자 유치 시 구체적인 성과 지표로 활용되며, 단계별 자금 조달 계획에 필수적이다.

마일스톤은 스타트업이 설정하는 중요한 목표 지점을 의미한다. 제품 개발, 고객 확보, 특정 매출 도달 등 성장 과정에서 중요한 단계를 설정하는 것이 일반적이다.

투자자들은 마일스톤 달성 여부를 기준으로 스타트업의 성과를 평가하며, 이를 달성하면 다음 투자 라운드로 이어질 가능성이 높아진다. 따라서 스타트업 창업자는 현실적인 마일스톤을 설정하고 이를 달성하기 위해 철저한 계획을 세우는 것이 중요하다.

03) 린 스타트업(Lean Startup)과 피벗(Pivot)

린 스타트업은 빠르게 최소 기능 제품을 만들어 시장 반응을 확인하고, 그에 따라 개선해 나가는 방식을 의미한다. 과거에는 완성된 제품을 만든 후 시장에 출시하는 방식이 일반적이었지만, 린 스타트업 방식에서는 "빠른 실패와 학습"이라는 원칙을 통해 자원 낭비를 최소화하고 빠르게 고객의 피드백을 반영하여 제품을 수정하는 것이 핵심이다.

피벗은 시장 반응이나 경쟁 상황에 맞춰 사업 방향을 전략적으로 바꾸는 것을 뜻한다. 시장 반응이 예상과 다르거나, 경쟁이 치열하여 현재 모델로는 성장이 어렵다고 판단될 때 피벗을 결정하게 된다. 유형은 고객층 변경, 제품 기능 조정, 수익 모델 개편 등이 있다. 예를 들어, 한 스타트업이 원래 영상 스트리밍 서비스를 개발했지만, 사용자들의 반응을 분석한 결과 라이브 커머스 기능이 더 유망하다고 판단하면 사업 모델을 변경하는 것이 피벗이 될 수 있다. 한국에서도 네이버의 전신인 라이코스 코리아는 검색엔진에서 포털 서비스로 피벗하며 성장했다.

04) J 커브(J-Curve)

J 커브는 스타트업의 예상 현금 흐름을 나타내는 그래프의 형태를 의미한다. 초기에는 비용이 발생하며 수익이 없거나 적어 자금이 지속적으로 감소하지만, 어느 순간부터 빠르게 성장하여 수익이 증가하는 구조를 갖는다. 이 그래프가 알파벳 'J'와 닮아 J 커브라고 불린다.

투자자들은 스타트업이 J 커브의 성장 구간에 진입할 수 있을지 여부를 평가하며 투자를 결정한다. 따라서 창업자는 초기 비용을 효율적으로 관리하고, 빠르게 성장할 수 있는 전략을 마련하는 것이 중요하다.

05) 손익분기점(Break-Even Point, BEP)

일정 수준의 매출을 기록하면 수익과 비용이 같아져 더 이상 적자가 발생하지 않는 지점을 의미한다. 즉, 스타트업이 BEP에 도달하면 최소한 손해는 보지 않는 상태가 된다. 일반적으로 스타트업이 창업 후 16~18개월 내에 월 손익분기점을 맞추는 것이 이상적이라고 평가된다.

06) 애자일 방법론(Agile Software Development)

신속하고 변화에 유연하게 적응할 수 있는 소프트웨어 개발을 목표로 하는 경량 개발 방법론들의 총칭으로, 반복(Iteration)이라 불리는 단기 단위를 채택함으로써 위험을 최소화한다.

소프트웨어 개발 방법의 하나로, 개발 대상을 다수의 작은 기능으로 분할하여 하나의 기능을 하나의 반복 주기 내에 개발하는 개발 방법을 말한다. 기존의 문서 중심 개발 방식과 달리, 프로젝트 관계자 간의 직접 소통을 강조한다. 애자일 소프트웨어 개발 방법은 1990년대의 중반 중량 폭포수(heavyweight waterfall-oriented) 소프트웨어 개발 방법론에 대한 반대 운동인 경량 소프트웨어 개발 방법으로부터 시작되었다.

07) 베타 서비스(Beta Service)

프로그램이나 게임 등의 본격적인 상용화 서비스 전, 완성도를 높이기 위해 실시하는 서비스이다. 베타 서비스는 알파 테스트를 마친 프로그램을 정식 출시 전에 사용자가 직접 사용해 보며 테스트하는 단계로 특히 소프트웨어 개발에서의 베타 테스트는 공식적인 소프트웨어 테스트의 두 번째 단계에 해당한다.(그리스 문자에서 베타는 알파 다음으로 오는 두 번째 글자다) 기업은 신제품이 출시되기 전에 미리 정해진 고객들인 베타 테스터들에게 소프트웨어를 심도 있게 사용해 보고 문제점을 찾아내도록 한다.

08) 스케일업(Scale-Up)

사전적으로는 규모(Scale)를 확대(Up)하는 것을 뜻한다. 기술, 제품, 서비스, 기계의 성능, 생산능력 등의 확대를 설명할 때 주로 사용한다.

실무에서는 스케일업을 '성장 중인 기업' 또는 '성장 단계의 스타트업'을 지칭하는 데 사용한다. 통상 스타트업과 스케일업을 함께 사용하는데 이를 창업과 성장으로 표현합니다. 이 내용을 기반으로 "창업(스타트업)은 아이를 낳는 것이고, 스케일업은 그 아이를 잘 키우는 과정이다"라고 비유되곤 한다.

09) 그로스해킹(Growth Hacking)

그로스해킹은 빠른 성장을 위한 창의적인 마케팅 전략을 의미한다. 스타트업처럼 자원이 제한된 기업이 데이터와 실험을 통해 고객을 확보하고 제품을 개선하는 방법론이다. 마치 과학자가 실험을 반복하며 최적의 결과를 찾아내듯, 작은 아이디어로 큰 효과를 만드는 것이 그로스해킹의 핵심이다.

그로스해킹의 본질

"성장을 해킹하듯 빠르게 터뜨리는 기술"

- 전통적 마케팅 vs 그로스해킹: 광고나 홍보에 의존하지 않고, 제품 자체에 성장 엔진을 내장시킨다.

예시: 드롭박스는 친구를 초대하면 저장 용량을 무료로 제공하는

방식을 통해 가입자 수를 폭발적으로 늘렸다.
- 핵심 목표: 데이터 기반으로 고객의 행동을 분석해 저비용·고효율 성장을 달성하는 것.

주요 전략 3가지

1. 바이럴 루프(Viral Loop)

사용자가 자연스럽게 제품을 퍼뜨리도록 유도한다.

예시: 핫메일은 모든 메일 하단에 "PS: Get your free email at Hotmail"을 추가해 입소문을 탔다.

2. A/B 테스트

두 가지 버전을 비교해 최적의 결과를 찾는다.

예시: 에어비앤비는 숙소 사진 품질을 높여 예약률을 3배 증가시켰다.

3. 프리미엄 모델(Freemium)

무료 기능으로 유입 후 유료 전환을 유도한다.

예시: 스포티파이(Spotify)는 무료 음악 스트리밍을 제공하며 유료 구독자를 확보했다.

성장을 측정하는 AARRR 모델

고객 여정을 5단계로 나누어 핵심 지표를 관리한다.

단계	목적	예시
획득(Acquisition)	고객 유입	SNS 광고, 검색 엔진 최적화(SEO)
활성화(Activation)	첫 사용 경험 개선	가입 절차 간소화
유지(Retention)	재방문 유도	리워드 시스템, 정기 알림
수익화(Revenue)	매출 창출	구독 서비스, 프리미엄 기능
추천(Referral)	바이럴 확산	친구 초대 보상

실전 사례에서 배우는 교훈

- 에어비앤비: 크레이그리스트에 숙소 정보를 자동 연동해 초기 유입 트래픽을 급증시켰다.
- 링크드인: 사용자의 이메일 확인 시간을 분석해 최적의 메일 발송 타이밍을 도출했다.
- 인스타그램: 초기에는 위치 기반 앱이었지만, 사진 공유 기능으로 피벗하며 성장했다.

스타트업이 주목해야 하는 이유

- 적은 예산으로 큰 효과: 대기업과 광고비를 겨루는 대신, 데이터와 창의성으로 승부한다
- 빠른 실패와 학습: 실험을 반복하며 최적의 전략을 찾는 린 접근법이 핵심

- 고객 중심 개선: 고객이 진짜 원하는 것을 파악해 제품에 반영한다

그로스해킹은 마케팅이 아니라 제품과 비즈니스 모델 자체를 성장시키는 철학이다. 실패를 두려워하지 않고, 작은 실험을 계속하는 것이 핵심이다. '데이터는 말한다'는 믿음으로, 고객의 목소리에 더욱 귀 기울이자. 창업자의 아이디어 하나가 시장을 뒤흔들 수도 있다.

10) UX(User Experience)와 UI(User Interface)

"디지털 세계에서 사용자를 위한 맞춤형 여정을 설계하는 기술"

UX와 UI는 디지털 제품의 성패를 좌우하는 핵심 요소이다. 창업 초기 단계부터 투자 유치까지, 사용자 중심 디자인 전략은 비즈니스 가치를 입증할 수 있는 도구다.

UX: 경험의 설계자

"사용자의 마음을 읽는 감성 엔진"

- 제품을 사용하는 전 과정에서 사용자가 느끼는 감정, 행동, 만족도의 총체
  예시: 카카오뱅크의 간편 계좌개설 과정: 3분 내 완료 → '편리함'이라는 감정 각인

핵심 원칙

1. 문제 해결 중심: 사용자의 숨은 니즈 파악

예시: 배달앱 '주문 추적' 기능
2. 직관성: 복잡한 설명 없이도 기능 이해 가능

   예시: 토스의 "이체하기" 버튼 위치
3. 피드백 순환: A/B 테스트를 통해 지속적으로 개선

   예시: 네이버 검색창 23차 개편 사례

UI: 시각적 대화의 기술

"눈으로 말하는 브랜드 언어"

- 구성 요소: 색채 심리: 파란색=신뢰(금융앱), 녹색=자연(헬스앱)
- 공간 배치: 핵심 기능 상단 고정

  예시: 쇼핑몰 "장바구니" 아이콘
- 애니메이션: 페이지 전환 시 부드러운 애니메이션 효과

  예시: 인스타그램 스토리 넘기기)

실패 사례 VS 성공 사례

구분	실패	성공
버튼	회색 배경+흰 글씨(눈에 안 띔)	대비색 사용+호버 효과
폼	10개 입력창 한 페이지	단계별 분할 설계

스타트업에 UX/UI가 중요한 이유

- 투자 유치: 데이터 기반의 사용자 증거 → 밸류에이션 상승

    예시: 2024년 패션 앱 ABLY, UX 개선 이후 시리즈 B에서 120억 원 투자 유치

- 고객 유지: 사용 시작 3초 이내 긍정적인 경험을 제공하여 이탈률을 70% 감소시킴

    예시: 음악 앱 벅스, UI 직관성을 강화한 뒤 재방문율 40% 증가

- 브랜드 차별화

    예시: 헬스 앱 오늘의 운동, 사용자에게 동기를 부여하는 메시지를 제공해 감성적으로 접근

UX/UI 디자인 5계명

1. 사용자는 당신이 아니다

    페르소나 제작: 20대 여성 타겟 → 화장품 추천앱 "미미박스"

2. 한 화면에는 한 가지 목표만

    결제 페이지에서 배송지 입력·쿠폰 선택 분리

3. 피드백은 즉각적으로

    파일 업로드 시 진행률 바 표시

    예시: 클라우드 서비스

4. 모든 디자인은 테스트 후 결정

    버튼 색상에 대한 A/B 테스트 결과, 파란색이 빨간색보다

전환율이 15% 더 높게 나타남
　5. 접근성은 기본이다
　　　시각 장애인용 음성 설명 추가(웹접근성 인증마크 획득)

국내 성공 사례에서 배우는 교훈

- 토스

  UX 전략: 복잡한 금융용어 → 일상 언어 변환

  ("이체" 대신 "돈 보내기")

  UI 혁신: 계좌번호 대신 "연락처로 송금"

- 배달의 민족

  맞춤형 추천: 주문 이력 기반 AI 추천 ("당신이 좋아할 메뉴")

  긴급 알림: 배달 지연 시 자동 쿠폰 발급

- 네이버 쇼핑

  3초 룰: 검색→상세페이지 이동 시간 1.8초로 단축

창업자를 위한 조언

- MVP 단계: 페이퍼 프로토타입으로 초기 테스트를 진행해 제작 비용을 90% 절감
- 투자자 프레젠테이션: "우리 서비스의 UX 차별점은 ○○입니다"

  사용자 유입→전환→재방문 데이터 시각화
- 실패에서 배우기:

  1차 출시 앱 삭제율 80% → 사용자 인터뷰 후 2차 개편 시 25%개선

UX/UI는 단순한 디자인을 넘어 사용자와의 신뢰를 구축하는 비즈니스 전략이다. 작은 버튼 하나에도 창업자의 철학이 담겨야 한다. 투자자가 보는 것은 스토리가 아닌, 사용자가 남긴 데이터의 언어이기 때문이다.

스타트업 생태계 용어 정리

벤처캐피털(Venture Capital, VC)

벤처캐피털은 스타트업에 투자하는 기관 또는 투자금을 의미한다. 보통 고위험·고수익을 목표로 하며, 스타트업이 빠르게 성장할 수 있도록 자금을 지원하고 경영에도 관여한다.

엔젤 투자(Angel Investment)

엔젤 투자는 개인 투자자가 스타트업의 초기 단계에서 자금을 지원하는 것을 의미한다. 보통 창업자의 비전과 열정을 보고 투자하며, 창업 초기에 소규모 자금으로 이루어진다.

전략적 투자(SI) vs 재무적 투자(FI)

전략적 투자는 산업 협력을 통한 시너지 추가가 목적으로 예로 대기업의 스타트업 투자의 형태이다. 특히 충분한 지분을 확보해 경영권을 획득한 후 기업 가치를 높여 수익을 얻는 투자다. 재무적 투자와 파트너십이 강하다.

재무적 투자는 전략적 투자자의 파트너로 참여해 일부 부족한 자금을 지원해 주고 그에 따른 배당을 받는 수준의 투자다. 단순 투자 차익을 노리므로 기존 은행 대출이나 기존 금융 회사들의 전통적 투자와 크게 다르지 않다.

액셀러레이팅(Accelerating)과 인큐베이팅(Incubating)

액셀러레이팅은 스타트업이 빠르게 성장할 수 있도록 지원하는 프로그램으로, 멘토링, 투자 유치, 네트워크 제공 등의 형태로 진행된다.(예시: 창업기획자 또는 액셀러레이터) 인큐베이팅은 창업 공간, 설비 제공 등 초기 인프라 지원을 의미하며, 보다 장기적인 지원이 특징이다.(예시: 판교 테크노밸리)

액셀러레이터는 창업 아이디어나 아이템만 존재하는 단계의 신생 스타트업을 발굴해 투자를 바탕으로 업무 공간 및 마케팅, 홍보 등의 업무를 지원하는 역할을 하는 초기 투자기관이다. 창업 기업에 사무실, 컨설팅 서비스를 제공할 뿐만 아니라 마케팅, 전략 등 각 분야의 전문가들을 멘토로 연결해 주기도 한다. 이는 인큐베이터와 비슷한 개념이지만, 인큐베이터가 액셀러레이터보다 앞서 창업 직후의 초창기 스타트업을 지원하는 기관이나 기업이라는 점에서 차이가 있다.

데모데이(Demo Day)

데모데이는 스타트업이 투자자 및 일반인들 앞에서 사업을 발표하는 행사이다. 이 자리에서 스타트업은 자사의 비즈니스 모델과 성과를 강조하여 추가 투자를 유치하는 기회를 얻는다. 본래 실리콘밸리에서 스타트업을 육성하는 프로그램의 이름으로 사용되다가 지금은 스타트업이 개발한 데모 제품, 사업 모델 등을 투자자들에게 발표하는 행사를 진행하는 포괄적인 말로 쓰이고 있다.

공유경제(Sharing Economy) vs 구독경제(Subscription Economy)

현대 비즈니스 환경에서 공유경제와 구독경제는 소비자와 기업 모두에게 새로운 가치를 제공하는 주요한 경제 모델로 자리 잡았다. 공유경제는 자원의 효율적 활용을 중시하며, 개인과 기업이 소유보다 '접근'을 우선시하는 방식이다. 반면 구독경제는 일정한 대가를 지불하고 지속적으로 제품이나 서비스를 제공받는 모델이다.

두 모델은 겉으로 비슷해 보이지만, 접근 방식과 수익 구조에서 본질적인 차이가 있다. 공유경제는 자원을 나누고 활용도를 높이는 것이 핵심인 반면, 구독경제는 장기적인 고객 관계 형성과 안정적인 수익 창출이 중심이다.

공유경제 vs. 구독경제: 주요 차이점

구분	공유경제	구독경제
개념	자원의 공동 사용 및 거래 플랫폼을 통한 접근성 제공	정기적으로 요금을 지불하고 지속적인 서비스나 제품을 제공받음
비즈니스 모델	P2P(개인 간 거래) 및 플랫폼 기반의 중개 모델	SaaS(Software as a Service), 멤버십 기반 비즈니스 모델
대표사례	에어비앤비(Airbnb), 우버(Uber), 위워크(WeWork)	넷플릭스(Netflix), 아마존 프라임(Amazon Prime), 스포티파이(Spotify)
고객관계	단발적인 거래 중심	장기적인 관계 및 고객 락인(Lock-in) 전략
수익창출 방식	이용 건당 수익 발생	정기적인 구독료를 통한 지속적 수익 확보

공유경제와 구독경제의 유명 리포트 및 사례

1) 공유경제의 성장과 변화: PwC 및 맥킨지 리포트 분석

PwC는 2025년까지 글로벌 공유경제 시장 규모가 3,350억 달러에 이를 것으로 예측했다. 초기에는 주거 및 차량 공유가 중심이었지만, 최근에는 의류, 전자제품, 심지어 금융 서비스까지 확장되고 있다. 맥킨지는 공유경제 모델이 성공하기 위해서는 '네트워크 효과'와 '신뢰 구축'이 필수적이라고 강조했다.

대표적인 예로 에어비앤비는 전통적인 호텔 산업을 흔들며 사용자들이 유휴 공간을 공유하도록 유도했다. 하지만 지속적인 품질 관리와 규제 문제가 해결 과제로 남아 있다. 우버 역시 차량을 직접 소유하지 않고도 수익을 창출할 수 있는 방식을 제시했지만, 노동법 및 안전 문제 등으로 지속적인 논란이 존재한다.

2) 구독경제의 확장: Zuora 및 Deloitte 리포트 분석

구독경제의 대표 리포트로는 Zuora의 'Subscription Economy Index'가 있다. 이 보고서에 따르면 구독 기반 기업의 매출 성장률은 전통적인 S&P 500 기업 대비 5배 이상 빠르게 성장하고 있다. 딜로이트 역시 기업들이 일회성 구매 모델에서 정기적인 수익 모델로 전환하는 것이 지속 가능성을 높이는 중요한 전략이라고 분석했다.

대표 사례로는 넷플릭스(Netflix)가 있다. 넷플릭스는 DVD 대여 서비스에서 시작하여 스트리밍 기반의 구독 모델로 전환하며 엄청난 성

장을 이뤄냈다. 같은 방식으로 아마존 프라임(Amazon Prime)은 멤버십 기반으로 배송 서비스뿐만 아니라 다양한 콘텐츠까지 제공하며 고객 충성도를 높였다.

스타트업을 위한 공유경제 및 구독경제 전략

공유경제와 구독경제는 각기 다른 방식으로 스타트업에게 기회를 제공한다. 공유경제를 활용하는 스타트업은 네트워크 효과를 극대화하고, 플랫폼을 통해 사용자의 신뢰를 구축하는 것이 핵심이다. 예를 들어, P2P 기반의 공유 서비스는 초기 사용자 확보가 중요한데, 이를 위해 보증 시스템, 리뷰 시스템 등을 강화할 필요가 있다.

반면, 구독경제 모델을 적용하는 스타트업은 고객 유지율과 고객 생애 가치를 극대화하는 것이 중요하다. 정기적인 사용자 분석을 통해 맞춤형 서비스를 제공하고, 충성도를 높이는 전략을 구축해야 한다. 예를 들어, SaaS 기반의 스타트업이라면 무료 체험 기간을 제공하거나 점진적인 요금제를 도입하여 유입을 촉진할 수 있다.

공유경제와 구독경제의 융합

최근에는 공유경제와 구독경제가 결합된 형태의 서비스도 등장하고 있다. 예를 들어, 자동차 공유 서비스인 짚카(Zipcar)는 일정 요금을 내고 차량을 공유하는 방식으로 두 모델을 융합했다. 또한, 패션 구독 서비스인 렌트더런웨이(Rent the Runway)는 의류 공유와 구독 모델을 결합하여 패션업계에서 새로운 패러다임을 제시하고 있다.

따라서 스타트업이 새로운 비즈니스 모델을 구축할 때, 공유경제와 구독경제의 장점을 혼합하는 방식도 고려해 볼 필요가 있다. 결국 중요한 것은 소비자에게 지속적인 가치를 제공하고, 장기적인 고객 관계를 유지하는 것이다. 기업의 성장 전략으로 공유와 구독을 어떻게 활용할 것인지가 앞으로의 성공 여부를 결정할 것이다.

라이센싱(Licensing)

등록된 상표 재산권을 가지고 있는 개인 또는 단체가 타인에게 대가를 받고 그 재산권을 사용할 수 있도록 상업적 권리를 부여하는 계약이다.

라이센서가 보유하고 있는 특허, 기업비결, 노하우, 등록상표, 지식, 기술 공정 등 가치 있는 상업적 자산권의 일정한 영역을 계약 기간 동안 양도하는 것이다. 즉, 사용권 계약이라고 할 수 있는데, 라이센시는 라이센싱 계약을 통해서 특정 제품을 생산, 사용, 양도, 판매, 전시 등을 할 수 있고 그 대가로 로열티를 지급한다. 라이센싱으로 부여받은 권리는 법적으로 독점적이고 배타적인 법적 권리로 독점적 이익을 얻을 수 있다.

사회적 기업(Social Enterprise)

취약계층에게 사회서비스 또는 일자리를 제공하여 지역주민의 삶의 질을 높이는 등의 사회적 목적을 최우선으로 추구하면서 재화 및 서비스의 생산 및 판매 등 영업활동을 수행하는 기업을 말한다.(사회적 기업 육성법 제2조 제1호) 영리기업이 이윤 추구를 목적으로 하는 데 반해, 사회적기업은 사회서비스의 제공 및 취약계층의 일자리 창출을 목적으로 하는 점에서 영리 기업과 큰 차이가 있다. 주요 특징으로는 취약계층에 일자리 및 사회서비스 제공 등의 사회적 목적 추구, 영업활동 수행 및 수익의 사회적 목적 재투자, 민주적인 의사결정 구조 구비 등을 들 수 있다.

임팩트 투자(Impact Investment)

"돈으로 세상을 바꾸는 마법"

임팩트 투자는 단순히 수익만을 추구하는 것이 아닌, 사회와 환경에 긍정적인 영향을 미치는 기업에 투자하는 방식이다. 마치 슈퍼히어로가 능력을 선한 일에 쓰듯, 투자자들은 자본을 통해 더 나은 세상을 만들어간다.

- 특징: 재무적 수익과 사회적 가치를 동시에 추구
- 예시: 친환경 에너지 기업, 교육 격차 해소 스타트업 등에 투자
- 주의점: 임팩트를 측정하는 표준화된 지표 개발이 과제

스핀오프(Spinoff)

"기업의 세포분열"

스핀오프는 기존 기업에서 특정 사업부나 기술을 분리해 새로운 회사를 만드는 과정이다. 이는 나무에서 새로운 가지가 뻗어나가는 것처럼, 기존 기업의 혁신적인 아이디어가 독립적으로 성장할 기회를 얻게 되는 것이다.

- 목적: 핵심 역량 집중, 새로운 시장 개척
- 예시: 삼성SDS에서 분리된 삼성전자서비스
- 장단점: 빠른 의사결정 vs 초기 자원 부족

ROI(Return On Investment)

"투자의 성적표"

ROI는 투자 대비 수익률을 나타내는 지표이다. 쉽게 말해, 투자한 돈이 얼마나 효과적으로 수익을 냈는지 보여주는 성적표와 같다. 예를 들어, 100만 원을 투자해 120만 원을 벌었다면 ROI는 20%가 된다.

- 계산법: (순이익 / 투자금액) × 100
- 활용: 다양한 투자 옵션 비교에 유용
- 한계: 단기적 성과에 치중할 위험

애프터마켓(After Market)

"제품의 두 번째 인생"

애프터마켓은 제품 판매 이후의 부가 서비스나 관련 제품 시장을 의미한다. 마치 영화의 속편이나 스핀오프 시리즈처럼, 원래 제품을 중심으로 새로운 비즈니스 기회를 창출하는 것이다.

- 예시: 스마트폰 케이스, 자동차 튜닝 부품
- 특징: 높은 수익성, 고객 충성도 강화
- 전략: 제품 설계 단계부터 애프터마켓 고려

업사이클(Up-cycle)

"쓰레기의 화려한 변신"

업사이클은 버려지는 물건에 디자인과 활용도를 더해 가치를 높이는 것을 말한다. 마치 못생긴 오리가 백조가 되듯, 쓸모없어 보이는 물건이 멋진 제품으로 재탄생하는 과정을 업사이클이라고 한다.

- 차이점: 재활용(Recycle)과 달리 더 높은 가치 창출
- 예시: 폐현수막으로 만든 패션 아이템
- 의의: 환경 보호와 창의적 디자인의 만남

MCN(Multi Channel Network)

"유튜브 스타의 산파역"

MCN은 다수의 콘텐츠 크리에이터를 지원하고 관리하는 기업을 말한다. 이는 마치 연예기획사가 아티스트를 발굴하고 성장시키는 것과 유사하다. MCN은 유튜브나 틱톡 같은 플랫폼의 스타들을 만들어낸다.

- 역할: 콘텐츠 제작 지원, 수익 관리, 마케팅
- 장점: 크리에이터는 창작에만 집중 가능
- 트렌드: 크리에이터 중심의 새로운 MCN 모델 등장

O2O(Online to Offline)

"현실과 가상을 잇는 다리"

O2O는 온라인과 오프라인을 연결하는 비즈니스 모델이다. 스마트

폰 앱으로 택시를 부르거나 음식을 주문하는 것처럼, 디지털 세계와 현실 세계를 자연스럽게 연결해 주는 역할을 한다.

- 핵심: 고객 편의성 극대화
- 예시: 배달의 민족, 카카오T
- 진화: 언택트 시대에 더욱 중요해진 O2O

유니콘 기업(Unicorn)

"스타트업계의 슈퍼스타"

유니콘은 기업 가치가 10억 달러 이상인 비상장 스타트업을 일컫는다. 마치 동화 속 유니콘처럼 희귀하고 특별한 존재라는 의미에서 붙여진 이름이다. 쿠팡, 토스와 같은 기업들이 한국의 대표적인 유니콘 기업들이다.

- 의의: 혁신적 비즈니스 모델의 성공 상징
- 도전: 고평가 논란, 수익성 입증 필요
- 꿈: 많은 스타트업의 궁극적 목표

KPI(Key Performance Indicator)

"기업의 건강검진표"

KPI는 기업의 목표 달성 정도를 측정하는 핵심 지표이다. 마치 우리 몸의 건강 상태를 보여주는 혈압이나 콜레스테롤 수치처럼, 기업의 현재 상태와 미래 전망을 한눈에 보여준다.

- 설정 방법: SMART (구체적, 측정 가능, 달성 가능, 관련성, 기한) 원칙
- 예시: 월간 활성 사용자 수, 고객 획득 비용, 이탈률
- 주의점: 과도한 KPI 추적은 오히려 독이 될 수 있음

롱테일 법칙(Long Tail theory)과 파레토 법칙(Pareto's Law)

롱테일 법칙은 전체 제품 중 80%를 차지하는 일반 상품들의 누적 매출이, 20%의 핵심 제품 매출을 능가할 수 있다는 것을 보여주는 이론이다.

이와 반대로 80/20 법칙이라고 불리는 파레토 법칙은 상위 20%의 주력제품이 전체 매출의 80%를 차지한다는 것을 보여준다. 소위 말하는 베스트셀러나 블록버스터와 같은 20%의 일부 상품들이 매출의 대부분인 80%를 차지하기 때문에, 상위 품목의 마케팅과 홍보에 집중하는 전략의 근거로 활용됐다.

코호트 분석(Cohort Analysis)

전체 매출이나 전체 사용자 같은 총 자료를 보는 것이 아니라, 특정 사용자 그룹의 결과를 보는 것을 의미한다. 여기서 말하는 코호트란 통계에서 같은 특성을 공유하는 그룹을 의미한다. 즉, 기간 혹은 판매 방법 등을 하나의 코호트로 묶어 시간에 따른 변화를 측정하여 지표를 제시하는 것이다. 스타트업에게 있어 가장 중요한 분석이라고 할 수 있다.

퍼널 분석(Funnel Analysis)

퍼널(Funnel)은 깔때기를 뜻하는 말로, 마케팅에서의 퍼널의 의미는 '소비자를 고객으로 이끌어 내는 과정'을 말한다. 즉, 전체 서비스 지표를 보는 것이 아니라 각 단계별로 지표를 나눠서 우리 고객이 어떤 단계에서 얼마큼의 이탈률을 보이는지 분석하는 것이다. 이를 통해 서비스의 어떤 부분에 문제점이 있는지를 파악할 수 있으며, 집중해야 하는 부분과 수정해야 하는 부분을 선택할 수 있다.

페르소나(Persona)

어떤 제품이나 서비스를 사용할 만한 타깃 그룹 안에 있는 다양한 사용자를 대표할 수 있는 가상의 인물을 뜻한다. 특정 상황과 환경에서 고객들이 어떻게 행동할지 예측하기 위해, 페르소나는 실제 사용자 데이터를 바탕으로 개성을 부여해 만든다. 가상의 이름, 목표, 평소에 느끼는 문제 및 니즈로 구성되며, 소프트웨어 개발부터 가전제품 개발, 인터렉션 디자인 개발 등의 분야에서 사용자 연구와 마케팅 전략 수립을 위한 자료로 이용되고 있다.

랜딩 페이지 최적화(LPO, Landing page optimization)

검색엔진, 광고 등을 통하여 접속하는 고객이 최초로 보게 되는 웹페이지의 화면을 랜딩 페이지라고 부른다. 유저가 원하는 웹페이지를 찾는데 메뉴나 사이트 검색 기능 등이 충실하지 않다면 유저는 곧 다른 사이트로 이동해 버리는 경우를 볼 수 있다. 그래서 사용자가 다른 사이트로 이탈하지 않도록, 랜딩 페이지에서 목적지까지 간편하게 이동할 수 있도록 최적화하는 것이 중요하다. 사용자에게 필요 없거나 헷갈리게 할 수 있는 내용을 최대한 피하고 방문자가 방문 목적을 쉽고 빠르게 달성할 수 있도록 안내해 줄 수 있어야 한다.

스타트업 펀딩 관련 용어

초기 자본금

 자본금은 법인 설립을 위한 가장 중요한 부분이며 오너십을 증명하기 위해 필요한 돈이다. 프로토타입을 만들고 투자를 받기 전(약 6-10개월)까지 버텨야 하는 돈이기도 하다. 즉, 자본금은 창업에 대한 준비 비용인 셈이며 이 돈으로 팀원을 고용하고 필요한 설비를 마련해야 한다.

 자본금에 대한 지분도 고려해야 하는데, 공동창업자 다섯 명이 모여 각 200만 원씩 천만 원을 자본금으로 넣었다면 각 20%씩 회사에 대한 권리를 가지게 된다. 초기 자본금을 많이 넣을수록 많은 지분을 가지게 되며 지분 보유량에 따라 회사 경영에 대한 의사결정권 비중이 높아진다.

 한편, 창업자가 돈이 없어 초기 투자자에게 돈을 많이 받는 대신 지분을 많이 주는 경우가 있다. 지분을 많이 주게 되면 의사결정권이 줄어들고 추후 잘 됐을 때 보상 수익을 받기도 어렵다. 이런 창업자를 『스타트업 똑똑하게 시작하라』에서는 '오너가 아니라 월급 받는 CEO'라고 표현한다.

시드머니(Seed Money)/보통주

시드머니는 스타트업이 창업 초기에 받는 투자금을 의미한다. 이 자금은 주로 창업 전, 혹은 창업 직후 제품과 서비스 개발을 위한 인건비 그리고 개발비 투자를 말한다. 대부분 엔젤 투자자(또는 초기 투자자)로부터 보통주의 형태로 투자를 받는다. 기관의 경우는 투자회수를 고려해 다른 방법으로 투자하기도 한다.

시드머니를 투자하는 엔젤 투자자는 비즈니스의 잠재성과 수익성을 아예 고려하지 않는 것은 아니지만 창업자의 기업가정신과 자세를 높이 평가하고 그들의 아이디어를 일정 수준만큼 발전시키는 것을 돕는 데에 의미를 둔다. 금액은 국내 기준으로 초기 개발비 정도인 2, 3천만 원 내외가 일반적이다.

한편 보통주는 말 그대로 이익 배당이나 잔여 재산 배분에 대해 특별한 권리 내용이 없는 보통의 주식을 말한다. 보통주가 1주만 있어도 영향력(주주총회의 의결권, 이사 또는 감사의 선임과 해임 청구권, 주주총회 수집권 등)을 행사할 수 있지만 배당을 우선적으로 받을 수는 없다.

시리즈 A, B 투자/우선주

시리즈 A 투자(A라운드 투자)는 스타트업이 시장에서 가능성을 증명한 후 본격적인 성장을 위해 받는 투자이다. 보통 5억에서 30억 사이, 수억원 단위의 투자가 이루어지며, MVP 검증 후 본격적인 시장 공략을 위한 자금으로 사용된다. 지분은 5~20% 내외가 된다.

시리즈 A 투자는 어느 정도의 초기 시장 검증을 마치고 베타 오픈 시점에서 정식 오픈 단계 전에 받는다. 투자금의 주 사용처는 본격적인 제품 및 서비스 출시, 고객 피드백 수집 및 마케팅 비용 확보에 사용된다.

시리즈 A 투자의 기준은 서비스와 제품의 시장성과 매출 발생 유무가 된다. 투자를 받게 되면 투자를 받았다는 사실이 회사의 인지도와 신뢰도를 높여주며 사업을 진행할 때도 투자사(또는 투자자)의 네트워크를 적극 활용할 수 있다. 투자 이후에는 해당 스타트업의 수익이 안정적으로 창출돼 비즈니스가 자생할 수 있는 기반이 다져질 것을 기대한다. 만약 투자 유치 이후 제품 혹은 서비스를 출시했는데 피드백이 긍정적이지 않을 경우 피벗하는 것도 방법이다.

일반적으로 시리즈 A의 투자 주체들은 우선주의 형태를 선호한다. 도서 『스타트업 펀딩』에서는 우선주의 장점으로 세 가지를 꼽았다.

첫 번째, 회수 구조 상 우선주 주주의 몫을 보통주 주주에 우선토록 할 수 있다. 두 번째, 우선주 투자자가 지분율의 범위를 넘어서는 경영 통제권을 행사할 수 있다. 세 번째, 투자자와 기업가 간의 이해관계를 조정할 수 있는 것을 꼽았다. 더불어 우선주 배당을 통해 배당 소득을 기대할 수 있으며 향후 기업가치 상승 시 차익도 기대할 수 있다. 기업가치 상승 시에는 보통주로 전환한 후 주식을 매각한다.

최근 사례로는 옐로모바일과 DSC인베스트먼트의 투자를 받은 트러스트어스(서비스명 포잉, 대표 정범진)와 GS홈쇼핑과 한화인베스트먼트 등으로 부터 투자를 유치한 헬로마켓(개발사 터크앤컴퍼니, 대표 이후국)이 있다.

시리즈 B 투자(B라운드 투자)는 스타트업이 이미 어느 정도 시장에서 자리 잡고, 더 큰 확장을 위해 받는 투자이다. 브랜드 확장, 신규 서비스 개발, 해외 진출 등 시장 점유율 확대(Market Share, MS)를 목표로 하며, 투자 금액도 더욱 50억 원 이상으로 커진다.

시리즈 C 이상 투자(C라운드 투자)는 100억원 이상의 대규모 투자로 제품이나 서비스 정식버전 출시 후 이미 검증된 모델을 글로벌화하거나 연관사업을 추진하여 대규모 수익을 창출하여 공개시장 등록(IPO) 또는 기업의 인수합병 등을 현실화하기 위해 필요한 추가적인 자금을 구한다.

밸류에이션(Valuation)

밸류에이션은 기업의 가치를 평가하는 것이다. 스타트업의 미래 성장 가능성을 기준으로 평가되며, 투자자와 창업자 간 협의를 통해 결정된다.

이에 동원되는 지표로는 기업의 매출과 이익, 현금흐름, 증자, 배당, 대주주의 성향 등 다양한데 그 중 '해당 기업의 한 주당 주식의 가격*총 발행 주식' 방식을 주로 이용한다. 더불어 흡사한 아이템으로 창업하거나 비즈니스 모델이 비슷한 회사를 참고할 수 있다.

사실 증명된 것보다 가능성이 훨씬 많은 게 스타트업이기 때문에 산출된 밸류에이션 평가가 정확하다고 확언할 수 없지만 주먹구구식으로 투자를 진행할 수 없기에 최대한 객관적으로 맞출 필요는 있다. 높은 밸류에이션을 위해서는 이미 만들어진 서비스나 제품을 보여주는 게 가장 좋겠지만 그게 여의치 않다면 베타 형태라도 오픈하는 것이 좋다. 객관적 평가에 조금이나마 도움이 되기 때문이다.

만약 생각보다 밸류에이션이 낮아 목표한 투자금에 대해 넘겨야 할 지분이 너무 많다면 일단 필요한 만큼의 자금만 확보하고 밸류에이션을 더 높인 후에 새롭게 투자를 받는 편이 좋다. 적은 지분으로 추후 높은 투자를 받을 수 있으니 말이다.

프리-머니(Pre-Money) 가치와 포스트-머니(Post-Money) 가치

프리-머니 가치는 투자를 받기 전 회사 가치를 말하며 포스트-머니 가치는 프리-머니 가치에 실제로 투자받은 금액을 합한 가치다. 투자자는 프리-머니 가치를 기준으로 투자 금액을 고려한다. 예를 들어, 프리-머니 가치가 20억이고 신규 투자 금액이 5억이라면 기업의 포스트-머니는 25억이 된다. 이때 투자한 금액(5억)을 포스트-머니(25억)로 나누면 신규 투자사의 보유 지분을 계산할 수 있다. 즉, 5억/25억(20%)가 되므로 투자사는 해당 기업의 지분 중 20%를 보유하게 되는 것이다. 만약 포스트머니를 20억으로 잘못 이해하고 5억을 투자받으면 5억/20억(25%)가 되므로 그 차이가 매우 크니 주의해야 한다.

투자 후 가치 = 투자 전 가치 + 투자 유치금액
- 투자 후 가치 =
  (기존 발행 주식 수 + 신규 발행 주식 수) x 1주당 가격

- 투자 전 가치 = 기존 발행 주식 수 x 1주당 가격
- 투자 유치금액 = 신규 발행 주식 수 x 1주당 가격

지분 변동

투자가 이루어지면 발행되는 지분 수도 늘어난다. 법인 설립 시 정한 액면가(500원, 천 원, 5천 원 등)를 자본금으로 나누면 총 지분수가 된다. 액면가가 500원이고 자본금이 5천만 원이라면 총 10만주의 주식이 발행된 것이다. 이런 상황에서 투자자가 해당 기업의 주식을 20% 신주로 인수한다고 가정해 보자.

액면가 500원에 자본금 5천만 원인 회사에 대해 투자자가 밸류에이션을 20억(프리-머니 가치)로 평가하고 5억을 투자한다면 지분 비율 상 20%의 지분을 보유하게 되고 발행될 신주의 수는 2만 5천주다. 기존 주식 10만주에 신주 2만 5천주를 더하면 투자로 인한 회사의 총 주식 수는 12만 5천주가 되는 셈이다. 총 발행 주식 수에서 2만 5천주가 몇 퍼센트를 차지하는 지 계산해 보면 지분율과 신주 수가 맞는지 확인할 수 있다.

죽음의 계곡(Death Valley)

스타트업이 아이디어, 기술 사업화에는 성공했지만 이후 자금이 부족해 제품이 일상생활에 쓰이지 못하고 실패하는 상황을 이르는 말이다. 창업 이후 자금 조달과 시장 진입에 실패하면서 파산 또는 폐업에

이르는 상황을 말한다.

투자 회수, 엑싯(Exit)

투자자는 언젠가 투자금을 회수해 간다. 투자금이 한편으론 빚이라는 말이 그냥 나온 게 아니다. 때문에 투자 제안 단계에서도 엑싯 모델을 제시하는 것이 필요하다. 구체적으로 설정하기 어렵더라도 늘 고민해야 할 부분이다. 엑싯의 방법으로 인수합병 또는 기업공개(IPO) 등이 있다. 스타트업이 성공적으로 성장하면 대기업에 인수되거나 증시에 상장하여 투자자들이 수익을 실현할 수 있다.

인수합병(Merger and Acquisition, M&A)

인수는 한 기업이 다른 기업의 주식이나 자산을 취득하면서 경영권을 획득하는 것이고, 합병은 두 개 이상의 기업들이 법적 또는 사실적으로 하나의 기업이 되는 것을 말한다. 일반적으로 M&A는 기존의 내적성장한계 극복, 신규 사업 참여에 소요되는 시간과 비용의 절감, 경영상의 노하우 습득, 숙련된 전문인력 및 기업의 대외적 신용 확보, 경쟁사 인수를 통한 시장점유율 확대, 경쟁기업의 M&A 대비, 자산가치가 높은 기업을 인수한 뒤 매각을 통한 차익 획득 등 여러 이유에서 진행된다.

방법으로는 흡수합병, 신설합병, 역합병이 있는데, 흡수합병은 인수기업이 대상 기업을 흡수한 것, 최근 다음과 카카오의 M&A 경우이다.

신설합병은 양 기업이 합병해 새로운 회사를 설립한 것, 역합병은 실질적인 인수기업이 소멸하고 피인수기업이 존속하는 것을 말한다.

IPO(Initial Public Offering, 기업공개)

좁게는 해당 기업의 자본 공개, 넓게는 기업 경영의 전반적인 정보를 일반인에게 공시하는 상태를 말한다. IPO와 상장은 개념상 차이가 있지만, 국내에서는 코스닥 등록을 의미하는 경우가 많다. 기업공개의 방법은 이미 발행한 구주를 매출하는 경우와 신주를 모집하는 두 가지 방법이 있다. 전자는 자본금이 증가하지 않는데 후자는 자본금이 증가한다. 성공적인 IPO를 위해서는 적정수준에서 기업을 공개하는 것이 중요하며 투자자들의 관심을 끄는 것이 필요하다. 때문에 시장상황에 따른 IPO 시기, 파트너의 선택에 신중해야 한다.

잠깐 언급한 다음과 카카오의 M&A는 올해 대어급 IPO 대상으로 주목받았던 카카오가 우회상장을 선택했다는 점에서도 주목해 볼 만하다. 정상적인 상장은 한국증권선물거래소의 상장 규정에 따라 조건과 절차를 맞추어 상장하는 것인데 우회상장은 이런 정상적인 절차를 통하지 않고 주식 교환, 합병, 제3자 유상증자 등의 방법으로 상장하는 것을 말한다. 예를 들어 기존의 상장회사 A(다음)과 비상장회사 B(카카오)가 있는데, B(카카오)가 정상 상장을 하기 위해서는 거래소의 까다로운 상장 조건을 맞춰야 하지만 B(카카오)가 A(다음)에 흡수 합병이 되면 A(다음)은 B(카카오)의 주주에게 현금이나 A(다음)의 주식으로 인수 대가를 지불한다. 이때 A(다음)가 A(다음)의 주식으로 인수 대가를 지불하게 되면 B(카카오)의 주주는 본인이 가지고 있던 B(카카오)의 주식 대신 A(다음)의 주식을 받게 돼 증권시장에서 매매를 할 수 있게 된다. 이런 경우 B(카카오)가 A(다음)을 통해 우회상장 했다는 표현을 하는 것이다.

스톡옵션 (Stock Option)

"미래의 대박을 함께 나누는 약속"

스톡옵션은 회사의 주식을 미리 정해진 가격에 살 수 있는 권리이다. 마치 타임머신을 타고 미래의 성공을 현재에 가져오는 것과 같다. 초기 스타트업에서 우수한 인재를 유치하고 동기 부여하는 데 중요한 역할을 한다.

- 작동 원리: 일정 기간 근무 후 행사 가능, 주가 상승 시 차익 실현
- 장점: 현금 부족한 스타트업의 인재 유치 수단
- 주의사항: 세금 문제, 행사 시점 선택의 중요성

여기서 베스팅이란 조건부 불완전 주식부여, '조건을 붙여' 주식을 부여하는 것을 의미한다.

10,000주를 4년에 걸쳐 회사의 주가와 상관없이 $1에 주식을 구매할 수 있는 권리가 있다고 한다면, 여기서 베스팅 기간은 4년이 되는 것이다.

베스팅의 한 종류로, Cliff vesting이 있다. 4년에 걸쳐 주식을 구매

할 수 있는 권리가 있을 때, 매달 10,000주의 1/48을 구매할 수 있는 것인지, 아니면 4년이 지난 후 10,000주를 구매할 수 있는 것인지 상세한 조건이 필요할 것이다. 그중 1년 Cliff vesting이라고 하면, 정확히 1년이 되는 시점에 부여받은 10,000주의 1/4인 2,500주를 $1에 구매할 수 있다는 의미가 된다.

에필로그

요즘은 매일 하루의 거의 모든 시간을 미팅하고 있거나 운전대를 잡고 있으니 SNS 활동은 엄두도 못 내고, 나를 돌아볼 시간조차 없다. 그래도 기투자 기업 대표님들과는 어떻게든 연락을 이어가며, 정기 미팅을 갖고 도울 수 있는 부분은 돕고자 노력하고 있다. 최근엔 쓰윽~ 기투자 회사를 하나하나 돌아보며 많은 걸 느낀다.

소상공인과 스타트업은 다르다. 돈만 보고 이 판엔 끼지 않았으면 한다. 그렇다고 "스타트업은 세상을 변화시키고 삶을 좀 더 아름답게 하기 위해 존재한다"라고만 말하고 싶지는 않다. 거대한 비즈니스 가치를 때맞춰 실현하는 일도 필요하다. 그러니까 스타트업은 어렵다. 제품이나 서비스가 고객들로부터 인정을 못 받아서, 또 자금 조달을 못 받아서 망하는 줄 알면서도 많은 스타트업이 이를 극복하지 못한다. 지속적인 부담을 이겨내지 못한다. 그래서 생각보다 훨씬 더 많은 수의 스타트업이 결국 실패하고 만다.

내가 아는 대표들 중, 성공 반열에 오른 몇몇 대표에게는 적어도 의지와 끈기가 있었다. 다시 말해, 의지는 추진력이고 끈기는 버팀목이다. 여기에 비전이라는 색을 입히면 훌륭한 사람들이 모이고 앞으로 나아갈 수 있다. 의지와 끈기 없이 꿈만 꾸는 사람은 공상가에 그치지만, 의지와 끈기를 가지고 비전을 만들어가는 사람을 다른 사람들에게 영감을 주고, 같은 비전을 실현하고자 하는 사람을 모이게 하는 마력이 있다.

물론 버티는 것조차 힘들 수 있다. 극심한 스트레스가 몰아치는데, 평온함을 유지할 수 있는 사람이 얼마나 될까. 하지만 그렇기에 스타트업 대표다. 경험을 쌓고, 인내하고, 어려운 문제를 해결해 가며 기회를 찾는 것. 이것이 바로 스타트업 대표에게 주어진 사명이다.

필자는 3년 전부터 골프에 푹 빠져서 인생의 새로운 재미를 느끼고 있다. 사실, 골프는 진짜 어렵다. 필자는 20년 동안 야구를 해서 그런지, 처음에는 골프를 우습게 여겼다. "움직이는 야구공도 펑펑 때려내는데, 가만히 서 있는 골프공을 못 치겠나?" 그러나 쉽지 않았다. 이전에 이런 말을 들은 적이 있다. 세상에 마음대로 안 되는 것 딱 두 가지가 있는데, 하나는 자식이고, 하나는 골프라고. 그런 골프의 진짜 묘미는 트러블 샷을 기꺼이 즐기고 이겨내는 데 있다. 이글이나 버디를 노리는 도전적인 샷도 중요하지만, 때로는 한 타를 잃더라도 안전하게 플레이해야 할 순간도 있다.

스타트업도 마찬가지다. 모든 문제는 너무 가까이에서 보기에 힘들 수 있다. 객관화시켜서 조금은 멀찍이 서서 바라보자. 스타트업이라는 훌륭한 목적 아래서 결과에만 집착하기에 포기도 빠른 것이다. 결과보다는 과정을, 목적보다는 수단에 더 집중해 보자.

이런게 스타트업의 매력인가? 처음에는 몰랐다. 왜 스타트업에 빠지게 되었는지. 왜 이 힘들고 어려운 스타트업 생태계에 발을 담그고 싶었는지. 안정적이고 좋은 직장을, 그것도 둘째 아이가 태어난지 얼마 안 된 중요한 시기에 그만두었는지. 지금도 정확히 모르겠다. 왜 그랬는지. 역동적인 삶을 느끼고 싶다, 불가능을 극복하고 싶다, 편견을 깨고 앞으로 나아가고 싶다, 가설을 직접 검증하고 고치고 싶다, 탁상공론이 아닌 현장에서 도전하고 싶다… 이유야 여러 개도 말할 수 있다. 근데 정확히 잘 모르겠다. 앞으로도 답을 계속 찾을 것이다.

그래서인지 스타트업 신에서 액셀러레이터로 활약하다 보면 사자성어 두 개를 마음에 담게 된다. 하나는 수적천석(水滴穿石), 물방울도 바위를 뚫는다는 뜻으로, 작은 노력이라도 끈기 있게 계속하면 큰 일을 이룰 수 있다는 말이다. 어떻게 보면 아이디어보다 실행력과 끈기가 더 중요한 스타트업을 나타내는 것만 같다. 또 하나는 줄탁동시(啄同時), 병아리가 알에서 깨어나기 위해서는 어미 닭이 밖에서 쪼고 병아리도 안에서 쪼며 서로 도와야 한다는 뜻으로, 알이라는 세계를 뚫고 새로운 세상에 나가기 위해서는 서로 도와야 한다. 즉, 스타트업 생태계에서 가치는 스타트업의 역량과 액셀러레이터라는 외부적 환경이 적절히 조화되어 창조화되어야 창조될 수 있다.

다양한 분야의 창업가들과 깊이 있게 대화할 수 있다는 건 필자에게 큰 행운이다. 지금까지 만났던 수천 명의 대표님들 중, 끌리는 분들에게는 어떤 점이 있었을까 생각해 본다. 물론 다른 투자자들도 스타트업에 투자할 때 기업가의 자질과 역량을 면밀히 평가하겠지만, 필자에게는 대표님들의 첫인상, 학습 및 실행 능력, 그리고 자존감이 가장 중요한 판단기준이었다.

1. 첫인상의 중요성: 경쟁력과 비전으로 강한 인상 남기기

첫인상은 투자자와 기업가의 초기 관계 형성에 결정적인 역할을 한다. 기업가가 자신의 비전과 경쟁력을 명확하고 열정적으로 전달할 수 있다면, 투자자에게 깊은 인상을 남길 수 있다. 예를 들어, 스티브 잡스는 제품 발표 시 청중을 사로잡는 프레젠테이션으로 유명했다. 그의 확고한 비전과 혁신적인 아이디어는 투자자들에게 강한 인상을 주었고, 애플의 성공에 크게 기여했다.

2. 새로운 것을 배우는 실행력

급변하는 시장 환경에서 기업가는 지속적인 학습으로 빠른 실행력을 갖추어야 한다. 일론 머스크는 전기차, 우주 산업, 인공지능 등 다양한 분야에서 끊임없이 새로운 지식을 습득하고 이를 실행에 옮겨 혁신을 이끌어왔다. 이러한 학습 능력과 실행력은 투자자들에게 기업가의 적응력과 문제 해결 능력을 보여주어 긍정적인 평가를 받고 있다.

3. 틀렸음을 인정하는 자존감

이게 실제로 제일 어려울 수 있는데, 기업가는 자신의 판단이 틀렸을 때 이를 인정하고 수정할 수 있는 자존감을 가져야 한다. 마이크로소프트의 공동 창업자 빌 게이츠는 초기 사업 과정에서 여러 번의 실패를 경험했지만, 이를 인정하고 방향을 전환하여 회사를 성장시켰다. 이러한 태도는 투자자들에게 기업가의 유연성과 성숙함을 보여주어 신뢰를 높인다. 물론, 이리저리 흔들리는 '팔랑귀'가 되라는 말은 아니다.

이렇게 첫인상부터 강한 비전을 제시하고, 지속적인 학습으로 실행력을 갖추고, 자신의 오류를 인정할 수 있는 자존감이 있는 기업가들을 종종 만났는데, 이들은 결국 우리가 아니더라도 다른 곳을 통해 투자를 받고 지속적으로 성장하는 모습을 보여주었다.

필자는 이 책에 스타트업 신에서 중요하게 생각한 것들을 모두 담으려고 했다. 하지만 이 책만이 정답이라고 생각하지 않았으면 한다. 다르거나 틀린 부분은 얼마든지 있을 수 있다. 만약 이 책에서 사실관계가 달랐거나 부족했던 부분이 있다면 반성하고 겸허하게 받아들이고 싶다. 그래야 필자도 성장할 수 있을 테니까.

스타트업 생태계의 진짜 매력은, 지금은 힘들어도 밝은 내일을 꿈꾸며 함께 만들어가는 그 과정에 있는 것 아닐까.

주말에도 애쓰고 있는 우리 스타트업 대표님들을 응원하며~
For your better tomorrow,
- 서울창업허브에서 김경락 Dream

추천사

『스타트업 페이스메이커스 1: 창업부터 투자 유치까지』는 창업이라는 불확실한 여정을 보다 구체적이고 실천 가능한 단계로 풀어낸 실행 지침서이자 나침판이다. 창업 관련 책은 많지만, 실제 투자자의 관점에서 투자자의 언어로 서술되고, 현장에서 검증된 인사이트를 기반으로 구성된 책은 많지 않다. 이 책은 바로 그 드문 범주에 속한다.

창업자가 투자 유치를 중심으로 비즈니스의 구조를 점검하고, 투자자 관점에서 사업을 정렬해 나갈 수 있도록 돕는 실전 가이드다. 단순한 창업 입문서나 이론 중심의 책과는 결이 다르다. 실제 투자 유치 과정에서 마주하게 되는 문제들을 정면으로 다루며, 이를 설득력 있게 풀어내는 전략을 제시한다. 창업자와 투자 관련 종사자의 일독을 권한다.

- 김경환 교수, 성균관대학교 글로벌창업대학원장 경영학박사

스타트업의 창업과 성장 여정은 결코 단순하지 않습니다. 불확실성과 리스크를 감내하면서도, 시장을 설득하고 투자자를 설득해야 하는 힘난한 여정입니다. 이러한 창업자들에게 가장 절실한 것은, 바로 방향을 제시해 주는 '실전형 나침반'입니다. 김경락 대표가 집필한 『스타트업 페

이스메이커스』시리즈는 바로 그 역할을 훌륭히 해내고 있습니다.

    김경락 대표는 대기업, 사내벤처, 창업, 투자, 멘토링까지 스타트업 생태계 전반을 실제 경험한 보기 드문 스타트업 전문가입니다. 특히 초기투자액셀러레이터협회(KAIA) 부회장으로서 수많은 스타트업과 투자 현장을 경험했고, 그 과정에서 축적한 노하우를 이 책 『스타트업 페이스메이커스 1: 창업부터 투자 유치까지』에 아낌없이 녹여냈습니다. 이 책은 단순한 이론서가 아닙니다. 현장에서 실무에 즉시 적용할 수 있는 전략서로, 창업자가 반드시 알아야 할 투자 유치의 원리와 실전 전략이 담겨 있습니다. 또한 『IR 마스터 워크북』은 IR 덱 작성과 투자자 대응을 위한 실용적인 툴킷을 제공합니다. 특히 피칭 현장에서 실제로 주고받는 질문과 모범 답변, 사례 분석까지 포함되어 있어 투자 유치를 준비하는 창업자들에게 실질적인 무기가 되어줄 것입니다.

    스타트업 창업자는 속도를 내는 경주자인 동시에 나아갈 방향을 잡는 리더입니다. 이 책은 그 여정을 함께 뛰는 '페이스메이커'로서 가장 믿음직한 동반자가 되어줄 것입니다. 모든 예비 창업자와 투자 유치를 준비하는 창업자들에게 일독을 강력히 추천합니다.

                                             - 전화성 회장, 초기투자액셀러레이터협회

절실함이 스민 페이지를 넘길 때마다, 저는 질문했습니다. '이것이 전부일까.' 자본의 파도가 넘실대는 창업의 세계에서, 이상과 현실의 간극은 어쩌면 영원히 좁혀지지 않을지도 모릅니다. 이상을 좇는 자는 현실의 벽에 부딪혀 좌절하고, 현실에 안주하는 자는 이상 너머의 가능성을 놓치고 맙니다.

김경락 대표의 『스타트업 페이스메이커스 1: 창업부터 투자 유치까지』는 바로 그 간극을 건너는 용기와 지혜를 우리에게 건넵니다. 이 책은 이상이라는 나침반을 잃지 않으면서도 현실이라는 거친 파도를 헤쳐나갈 수 있도록, 창업이라는 지난한 여정의 모든 순간을 세심하게 담아냈습니다.

저자의 경험이 녹아든 문장들은 때로는 날카로운 칼날처럼 현실을 직시하게 하고, 때로는 따뜻한 손길처럼 지친 창업가를 위로합니다. 투자 유치의 냉혹한 현실부터 사업 전략의 미묘한 선택까지, 이 책은 창업이라는 숲에서 길을 잃지 않도록 촘촘한 이정표를 세워줍니다.

성공의 달콤함에 취해 현실을 망각하거나, 실패의 두려움에 갇혀 도전을 포기하는 대신, 우리는 이 책을 통해 '정석'이라는 단단한 토대 위에 '창의성'이라는 아름다운 탑을 쌓아 올릴 수 있습니다. 그리고 마침내, 우리 안에 잠자고 있던 가능성의 씨앗을 스스로 틔우며 세상을 향해 나아갈 용기를 얻게 될 것입니다.

이 책은 단순한 지침서를 넘어, 창업이라는 고독한 길 위에서 우리가 마주하는 수많은 질문에 대한 저자의 묵묵한 대답입니다. 그러므로 나는 감히 말합니다. 이 책을 펼치는 순간, 당신의 가슴 속에서 벅찬 희망이, 뜨거운 용기가, 그리고 마침내 세상을 향해 나아갈 수 있는 힘이 솟아오를 것이라고.

- 강영재 회장, 창조경제혁신센터협의회

스타트업은 혼돈과 가능성의 경계에 서 있습니다. 김경락 대표의 『스타트업 페이스메이커스』 시리즈는 그 경계에서 방향을 잃지 않도록 돕는 나침반과도 같습니다. 투자자이자 멘토, 그리고 액셀러레이터로서의 경험이 고스란히 녹아든 이 책은 단순한 이론서가 아니라 창업자와 함께 뛰어온 실전 지식의 결정체입니다.

창업자의 현실을 이해하고, 투자자의 시각을 통찰하며, 무엇보다 스타트업 생태계를 진심으로 아끼는 저자의 마음이 이 책에는 담겨 있습니다. AI 시대의 창업가에게도, 내일을 준비하는 모든 도전가에게도 이 시리즈는 반드시 곁에 두어야 할 페이스메이커입니다.

- 유태준 대표, 마음AI

참고

참고문헌 목록 (스타트업 투자 및 창업 관련)

01. Eric Ries – The Lean Startup
    스타트업의 린(Lean) 방식과 MVP(최소기능제품) 개발 방법을 다룬 대표적인 서적.
02. Ben Horowitz – The Hard Thing About Hard Things
    창업가와 스타트업 경영진이 겪는 어려움을 현실적으로 다룬 책.
03. Reid Hoffman, Chris Yeh – Blitzscaling
    급성장하는 스타트업이 전략적으로 확장하는 방법에 대한 인사이트.
04. Simon Sinek – Start With Why
    기업이 성공하기 위해 "왜(Why)"를 중심으로 조직을 운영해야 하는지에 대한 통찰 제공.
05. Peter Thiel – Zero to One
    페이팔 공동 창업자가 설명하는 혁신적인 기업을 구축하는 방법.
06. Steve Blank – The Startup Owner's Manual
    스타트업이 시장에서 제품을 성공적으로 출시하기 위한 방법론을 설명.
07. CB Insights Reports
    스타트업 실패 원인 분석 보고서 (Top 20 Reasons Startups Fail 등).
08. Paul Graham – Y Combinator Essays
    YC 창업자가 스타트업 성공을 위한 중요한 원칙을 제시한 에세이.
09. Brad Feld, Jason Mendelson – Venture Deals
    벤처캐피털과 스타트업 투자의 법률적 및 전략적 요소를 다룬 책.
10. Clayton Christensen – The Innovator's Dilemma
    기존 기업과 스타트업 간의 혁신 및 경쟁 구조를 분석

스타트업 투자 및 자금 조달

11. Ries, E. (2011). The Lean Startup: How Today's Entrepreneurs Use Continuous Innovation to Create Radically Successful Businesses. Crown Business.
12. Horowitz, B. (2014). The Hard Thing About Hard Things: Building a Business When There Are No Easy Answers. Harper Business.
13. Hoffman, R., & Yeh, C. (2018). Blitzscaling: The Lightning-Fast Path to Building Massively Valuable Companies. Currency.
14. Thiel, P., & Masters, B. (2014). Zero to One: Notes on Startups, or How to Build the Future. Crown Business.
15. Blank, S. (2012). The Startup Owner's Manual: The Step-by-Step Guide for Building a Great Company. K & S Ranch.
16. Feld, B., & Mendelson, J. (2016). Venture Deals: Be Smarter Than Your Lawyer and Venture Capitalist. Wiley.

기업가 정신 및 창업 전략

17. Sinek, S. (2009). Start with Why: How Great Leaders Inspire Everyone to Take Action. Portfolio.
18. Christensen, C. M. (1997). The Innovator's Dilemma: When New Technologies Cause Great Firms to Fail. Harvard Business Review Press.
19. Aulet, B. (2013). Disciplined Entrepreneurship: 24 Steps to a Successful Startup. Wiley.
20. Kawasaki, G. (2004). The Art of the Start: The Time-Tested, Battle-Hardened Guide for Anyone Starting Anything. Portfolio.

성장 전략 및 마케팅

21. Moore, G. A. (1991). Crossing the Chasm: Marketing and Selling High-Tech Products to Mainstream Customers. Harper Business.
22. Osterwalder, A., & Pigneur, Y. (2010). Business Model Generation: A Handbook for Visionaries, Game Changers, and Challengers. Wiley.
23. Croll, A., & Yoskovitz, B. (2013). Lean Analytics: Use Data to Build a Better Startup Faster. O'Reilly Media.

사례 연구 및 실전 전략

24. CB Insights. (2019). Top 20 Reasons Startups Fail.
25. Graham, P. (2008). Y Combinator Essays. Self-published.
26. Kim, W. C., & Mauborgne, R. (2005). Blue Ocean Strategy: How to Create Uncontested Market Space and Make the Competition Irrelevant. Harvard Business Review Press.
27. Tzu, S. (2002). The Art of War. (G. Griffith, Trans.). Dover Publications.

스타트업 성공 사례

28. Isaacson, W. (2011). Steve Jobs. Simon & Schuster.
29. Vance, A. (2015). Elon Musk: Tesla, SpaceX, and the Quest for a Fantastic Future. Harper Business.
30. Stone, B. (2013). The Everything Store: Jeff Bezos and the Age of Amazon. Little, Brown and Company.

스타트업 투자 및 자금 조달 전략

31. Gompers, P., & Lerner, J. (2004). The Venture Capital Cycle. MIT Press.

벤처캐피털의 작동 원리와 투자 방식에 대한 심층 분석.

32. Kaplan, S. N., & Strömberg, P. (2003). "Financial Contracting Theory Meets the Real World: An Empirical Analysis of Venture Capital Contracts." Review of Economic Studies, 70(2), 281–315
스타트업 투자 계약과 벤처 캐피탈의 전략에 대한 연구.

33. Hellmann, T., & Puri, M. (2002). "Venture Capital and the Professionalization of Start-Up Firms: Empirical Evidence." Journal of Finance, 57(1), 169–197.
벤처 캐피탈이 스타트업의 성장을 어떻게 돕는지에 대한 연구.

기업가 정신 및 조직 관리

34. 34. Drucker, P. F. (1985). Innovation and Entrepreneurship: Practice and Principles. Harper Business.
혁신과 기업가 정신을 실천하는 데 필요한 원칙을 제시한 고전.

35. Collins, J. (2001). Good to Great: Why Some Companies Make the Leap and Others Don't. Harper Business.
뛰어난 기업들이 어떻게 지속 가능하게 성장하는지를 분석.

36. Catmull, E., & Wallace, A. (2014). Creativity, Inc.: Overcoming the Unseen Forces That Stand in the Way of True Inspiration. Random House.
Pixar의 창업 과정과 창의적인 조직 운영에 대한 통찰.

시장 분석 및 비즈니스 모델

37. Rogers, E. M. (2003). Diffusion of Innovations (5th ed.). Free Press.
기술과 혁신이 시장에서 어떻게 확산되는지를 분석한 필수 도서.

38. Blank, S., & Dorf, B. (2012). The Startup Owner's Manual: The Step-by-Step Guide for Building a Great Company. K & S Ranch.
Lean Startup 방식과 비즈니스 모델 검증 프로세스를 상세히 설명.

39. Christensen, C. M., Raynor, M. E., & McDonald, R. (2015). The Innovator's Solution: Creating and Sustaining Successful Growth. Harvard Business Review Press.
   기존 시장을 파괴하고 새로운 시장을 창출하는 전략을 분석.

스타트업 사례 연구 및 성장 전략

40. Burgelman, R. A., Christensen, C. M., & Wheelwright, S. C. (2008). Strategic Management of Technology and Innovation. McGraw-Hill.
    스타트업이 기술 기반 혁신을 통해 성장하는 방법을 다룬 서적.
41. Taneja, H., & Maney, K. (2018). Unscaled: How AI and a New Generation of Upstarts Are Creating the Economy of the Future. PublicAffairs.
    기존의 대기업 중심 경제에서 스타트업이 어떻게 시장을 재편하는지 분석.
42. Ries, E. (2020). The Startup Way: How Modern Companies Use Entrepreneurial Management to Transform Culture and Drive Long-Term Growth. Currency.
    기존 기업과 스타트업이 조직 문화를 혁신하는 방법.

마케팅 및 고객 확보 전략

43. Kotler, P., & Keller, K. L. (2015). Marketing Management (15th ed.). Pearson.
    마케팅 전략과 시장 점유율 확대 전략을 설명하는 핵심 서적.
44. Godin, S. (2008). Tribes: We Need You to Lead Us. Portfolio.
    커뮤니티 중심 마케팅과 브랜드 구축 전략.
45. Cialdini, R. B. (2006). Influence: The Psychology of Persuasion. Harper Business.
    투자자와 고객을 설득하는 심리학적 원리.

기술 기반 스타트업 전략

46. McAfee, A., & Brynjolfsson, E. (2017). Machine, Platform, Crowd: Harnessing Our Digital Future. W. W. Norton & Company.
    AI, 플랫폼 비즈니스, 크라우드소싱을 활용한 스타트업 성장 전략.
47. Kelly, K. (2016). The Inevitable: Understanding the 12 Technological Forces That Will Shape Our Future. Viking.
    스타트업이 미래 기술 트렌드를 이해하고 활용하는 방법.
48. Westerman, G., Bonnet, D., & McAfee, A. (2014). Leading Digital: Turning Technology into Business Transformation. Harvard Business Review Press.
    디지털 트랜스포메이션과 기술 기반 스타트업 전략.

스타트업 실패 분석 및 리스크 관리

49. Maurya, A. (2016). Scaling Lean: Mastering the Key Metrics for Startup Growth. Portfolio.
    스타트업이 성장을 관리하는 데 필요한 핵심 지표 분석.
50. CB Insights. (2020). Why Startups Fail: The Top 20 Reasons.
    스타트업 실패 원인과 극복 전략에 대한 연구.
51. Sutton, R. I. (2010). Good Boss, Bad Boss: How to Be the Best…and Learn from the Worst. Business Plus.
    스타트업 리더가 조직을 운영하는 방법과 실수 방지 전략.

스타트업 투자 협상 및 계약 전략

52. Metrick, A., & Yasuda, A. (2010). Venture Capital and the Finance of Innovation (2nd ed.). Wiley.
    벤처 캐피탈의 투자 방식과 스타트업의 자금 조달 전략 분석.
53. Wasserman, N. (2012). The Founder's Dilemmas: Anticipating and

Avoiding the Pitfalls That Can Sink a Startup. Princeton University Press.
창업자들이 직면하는 경영권 문제와 투자 협상 시 주의할 점.

54. Kaplan, S. N., Sensoy, B. A., & Strömberg, P. (2009). "Should Investors Bet on the Jockey or the Horse? Evidence from the Evolution of Firms from Early Business Plans to Public Companies." Journal of Finance, 64(1), 75-115.
스타트업 투자 시 창업자(팀)와 사업 모델 중 어느 쪽을 더 중요하게 평가해야 하는지 분석.

55. Gilson, R. J. (2003). "Engineering a Venture Capital Market: Lessons from the American Experience." Stanford Law Review, 55(4), 1067-1103.
미국 벤처 캐피탈 시장의 성공 요인과 법적 구조.

스타트업 피칭 및 투자 유치 전략

56. Kawasaki, G. (2015). The Art of the Start 2.0: The Time-Tested, Battle-Hardened Guide for Anyone Starting Anything. Portfolio.
스타트업이 투자자에게 효과적으로 피칭하는 방법.

57. Timmons, J. A., & Spinelli, S. (2008). New Venture Creation: Entrepreneurship for the 21st Century (8th ed.). McGraw-Hill.
창업 과정에서의 자금 유치 및 투자 유치 전략.

58. Brown, T. (2009). Change by Design: How Design Thinking Creates New Alternatives for Business and Society. Harper Business.
투자자 피칭에서 효과적인 디자인 씽킹(Design Thinking) 활용법.

59. Weinberg, G., & Mares, J. (2014). Traction: How Any Startup Can Achieve Explosive Customer Growth. Portfolio.
초기 스타트업이 고객 기반을 빠르게 확보하여 투자 유치 성공률을 높이는 전략.

스타트업 운영 및 조직 문화

60. Kim, C. W., & Mauborgne, R. (2017). Blue Ocean Shift: Beyond Competing – Proven Steps to Inspire Confidence and Seize New Growth. Hachette Books.
    기존 경쟁 시장을 벗어나 혁신적인 시장을 창출하는 전략.
61. Sutton, R. I. (2007). The No Asshole Rule: Building a Civilized Workplace and Surviving One That Isn't. Business Plus.
    스타트업이 건강한 조직 문화를 형성하는 방법.
62. Dalio, R. (2017). Principles: Life and Work. Simon & Schuster.
    창업자와 경영진이 스타트업의 문화와 조직을 운영하는 방식.
63. Grant, A. (2013). Give and Take: Why Helping Others Drives Our Success. Viking.
    스타트업 내 협업 및 네트워킹의 중요성.

글로벌 스타트업 확장 전략

64. Levitt, T. (1983). "The Globalization of Markets." Harvard Business Review, 61(3), 92-102.
    스타트업이 글로벌 시장으로 확장하는 방법과 성공 사례.
65. Ghemawat, P. (2011). World 3.0: Global Prosperity and How to Achieve It. Harvard Business Review Press.
    스타트업이 국제 시장에 진입할 때 고려해야 할 요소.
66. Schilling, M. A. (2019). Strategic Management of Technological Innovation (6th ed.). McGraw-Hill.
    기술 기반 스타트업이 글로벌 시장에서 경쟁력을 갖추는 방법.
67. Johanson, J., & Vahlne, J. E. (1977). "The Internationalization Process of the Firm: A Model of Knowledge Development and Increasing Foreign Market Commitments." Journal of International Business Studies, 8(1), 23-32.

스타트업의 국제화 모델 및 사례 연구.

스타트업 생존 전략 및 실패 분석

68. Keohane, J. (2016). The Big Fail: What the Great Pandemic Teaches Us About Risk, Resilience, and Recovery. Harper Business.
스타트업이 위기를 극복하고 회복하는 방법.
69. Ries, E. (2021). The Startup Guide to Crisis Management. Wiley.
스타트업이 경제적 위기와 투자난을 극복하는 전략.
70. Sarasvathy, S. D. (2001). "Causation and Effectuation: Toward a Theoretical Shift from Economic Inevitability to Entrepreneurial Contingency." Academy of Management Review, 26(2), 243–263.
스타트업이 불확실성을 관리하는 방법.
71. McGrath, R. G. (2013). The End of Competitive Advantage: How to Keep Your Strategy Moving as Fast as Your Business. Harvard Business Review Press.
스타트업이 지속적인 혁신을 통해 경쟁력을 유지하는 방법.

테크 스타트업 및 디지털 트랜스포메이션

72. Christensen, C. M., McDonald, R., Altman, E. J., & Palmer, J. E. (2018). "Disruptive Innovation: An Intellectual History and Directions for Future Research." Journal of Management Studies, 55(7), 1043–1078.
기술 기반 스타트업이 기존 시장을 혁신하는 방식.
73. Brynjolfsson, E., & McAfee, A. (2014). The Second Machine Age: Work, Progress, and Prosperity in a Time of Brilliant Technologies. W. W. Norton & Company.
스타트업이 AI 및 자동화 기술을 활용하여 경쟁력을 높이는 방법.
74. Chui, M., Manyika, J., & Miremadi, M. (2016). "Where Machines

Could Replace Humans—and Where They Can't (Yet)." McKinsey Quarterly.
AI 및 자동화가 스타트업 생태계에 미치는 영향.

75. West, D. M. (2018). The Future of Work: Robots, AI, and Automation. Brookings Institution Press.
스타트업이 미래의 노동 시장 변화를 이해하고 대비하는 방법.

기타 참고 문헌

76. 이명준, 조성국, & 정성욱. (2021). 벤처캐피탈 및 사모펀드 투자 유치 바이블. 북포어스.
77. 조시영. (2025). 스타트업 대표가 돼볼까 합니다. 스타트업 창업의 정석. 애플트리태일즈.
78. 중소벤처기업부. (2023). 스타트업 생존율 및 투자 동향 보고서.
79. 최환진, 김소현. (2014). 스타트업, 똑똑하게 시작하라!. 지앤선
80. 더밋 버커리. (2015). 스타트업 펀딩. e비즈북스.
81. Bank of England. (2022). SME Financing Challenges in Post-Pandemic Era.
82. CB Insights. (2019). Top 20 Reasons Startups Fail.
83. Gartner. (2022). Magic Quadrant for Analytics and Business Intelligence Platforms.
84. Holon IQ. (2023). Global EdTech Market Report 2025.
85. Statista. (2024). Global Digital Payments Market Analysis.
86. Christensen, C. M. (1997). The Innovator's Dilemma: When New Technologies Cause Great Firms to Fail. Harvard Business Review Press.
87. Sinek, S. (2009). Start with Why: How Great Leaders Inspire Everyone to Take Action. Portfolio.
88. Collins, J. (2001). Good to Great: Why Some Companies

Make the Leap... and Others Don't. HarperBusiness.
89. Kalanick, T., & Camp, G. (2010). Uber's Global Expansion Strategy. [Case Study].
90. Yuan, E. (2019). Zoom: Scaling Video Communication During the Pandemic. [Case Study].
91. Musk, E. (2016). Tesla's Disruptive Innovation in Sustainable Energy. [White Paper].
92. Funding Circle. (2024). 중소기업 대출 플랫폼 사례 연구. Retrieved from https://www.fundingcircle.com/case-studies
93. Khan Academy. (2023). EdTech Innovation in Low-Income Communities. Retrieved from https://www.khanacademy.org/research
94. 구은서. (2025, 2월 7일). "[책마을] 수학의 정석 같은 '스타트업 경영 입문서'". 한국경제.
95. 최대우. (2025, 3월 15일). "AI 기반 마케팅 전략의 진화". 디지털비즈니스저널.
96. 백상훈. (2024). 코어 IR 피치덱 스토리텔링 워크북. 교보문고.
97. 이택경, 한국벤처투자, & 스타트업얼라이언스. (2023). VC가 알려주는 스타트업 투자 유치 전략. 매쉬업엔젤스.
98. 빌 그로스. (2015). Why Startups Succeed. [TED Talk]. Retrieved from https://www.ted.com/talks/bill_gross_the_single_biggest_reason_why_startups_succeed
99. Harvard Business Review. (2022). The Importance of a Clear Company Purpose. Harvard Business Publishing.
100. McKinsey & Company. (2023). Global Startup Ecosystem Report. McKinsey Digital.
101. Bain & Company. (2024). The State of Venture Capital. Bain Insights.

Start-up Pacemakers 1
From Founding to Funding

스타트업 페이스메이커스1
창업부터 투자 유치까지

발행일	2024년 7월 14일
지은이	김경락
발행인	전혜진
기 획	김경민
교 정	채윤지, 박미연
디자인	심은우

발행처	(주)이지태스크
출판등록	제 2024-281호
주 소	서울시 마포구 백범로31길 21, 서울창업허브 본관 216호
전 화	1833-6212
이메일	hello@easytask.co.kr

ⓒ 김경락, 2025

ISBN   979-11-989830-2-2(13320)

값 20,000원

이 책의 판권은 지은이와 이지태스크에 있습니다.